새 이화 한국어

새 이화 한국어 Workbook 4-1

지은이 이화여자대학교 언어교육원(김민정・이정연・조정민・윤여옥・전우주・최형연・주현하)
감수 이민경

펴낸날 1판 1쇄 2025년 12월 2일

펴낸이 주소현 **펴낸곳** 이화여자대학교출판문화원
주소 서울특별시 서대문구 이화여대길 52 **등록** 1954년 7월 6일 제9-61호
전화 02-3277-2965(편집), 02-362-6076(마케팅) **팩스** 02-312-4312
전자우편 press@ewha.ac.kr **홈페이지** www.ewhapress.com
책임편집 이혜지 **디자인** 김리영 **일러스트** 정윤서
녹음 오렌지 커뮤니케이션즈 **성우** 권도일, 이아름

ISBN 979-11-5890-560-6 14710
979-11-5890-490-6 (세트)

* 잘못된 책은 구입처에서 바꾸어 드립니다.

새 이화 한국어

Workbook 4-1

이화여자대학교 언어교육원 지음

김민정 • 이정연 • 조정민
윤여옥 • 전우주 • 최형연 • 주현하

이화여자대학교출판문화원

머리말

이화여자대학교 언어교육원은 외국인 학습자들에게 한국어 학습의 길잡이가 된 『이화 한국어』를 이을 새로운 의사소통 중심 교재인 『새 이화 한국어』를 2023년에 발간하였습니다. 새로운 시대 흐름에 맞춘 교재인 『새 이화 한국어』를 발간함과 동시에 교재에서 다룬 내용을 재확인하고 내재화시킬 수 있도록 연습서인 『새 이화 한국어 Workbook』도 발간하기에 이르렀습니다.

『새 이화 한국어 Workbook 4』는 교재에서 다룬 어휘와 표현, 문법, 듣기, 말하기, 읽기, 쓰기의 내용을 바탕으로 다양한 활용 연습이 가능하도록 설계하였습니다. 또한 학습자들의 문법 사용 능력과 의사소통 능력을 동시에 향상시키고자 도모하였으며 이를 위해 정확성과 유창성을 기를 수 있도록 다양한 연습 문제를 제공하였습니다.

특히 교재에서 학습한 어휘와 표현의 의미를 정확히 파악하고 이를 실생활에서 활용할 수 있도록 연습 문제를 구성하였습니다. 또한 한국어 표현 능력 강화를 위해 말하기는 핵심어를 제시하여 실제적인 대화를 구성할 수 있도록 하였으며 쓰기는 글의 형식에 맞춰 주제 중심의 단락을 구성하는 연습이 가능하도록 하였습니다. 이와 더불어 듣기와 쓰기, 읽기와 쓰기 등 다양한 언어 기능을 연계하여 통합적인 연습이 이루어질 수 있도록 문제를 구성하였습니다. 무엇보다 각 단원의 문법 설명을 부록으로 제공하여 학습자들이 스스로 학습할 수 있도록 하였습니다. 이에 따라 이 책이 한국어 학습자들에게 효과적인 연습 도구가 되기를 기대합니다.

이 책이 발간되기까지 많은 분들의 땀과 노고가 있었습니다. 이화여자대학교 언어교육원을 대표하여, 좋은 워크북을 개발하기 위해 밤낮으로 고민하고 집필에 매진하신 저자분들께 깊은 감사를 드립니다. 또한 워크북이 발간되기까지 여러 가지 행정적 지원을 아끼지 않고 수고해 주신 언어교육원 행정실에도 진심으로 감사를 드립니다. 그리고 감수를 맡아 이 책의 구성과 내용에 많은 조언을 해 주신 이민경 교수님께도 감사의 말씀을 드립니다. 마지막으로 이렇게 멋진 모습으로 워크북이 발간될 수 있도록 편집과 출판을 맡아 주신 이화여자대학교 출판문화원에도 깊은 감사의 마음을 전합니다.

아무쪼록 이 책이 국내외에서 널리 활용되어 한국어를 쉬우면서도 재미있고 효과적으로 교수·학습하는 데에 크게 기여하기를 바랍니다. 아울러 앞으로 나아가야 할 한국어 교육의 방향을 선도하는 역할도 하게 되기를 기대합니다.

2025년 12월

이화여자대학교 언어교육원

원장 박선희

차례

Workbook 구성표

단원	단원명	어휘와 표현	문법	
1단원	**만남과 시작**	시작 만남 후의 변화	A/V-아/어서인지 A/V-(으)ㄴ/는 셈이다 A/V-듯(이) A/V-(으)며	더 A/V-(으)ㄹ 뿐이다
2단원	**즐거운 여가 생활**	여가 활동과 그 특징 여행지의 인상적인 장면과 여행 소감	A/V-(ㄴ/는)다면서요? 어찌나 A/V-(으)ㄴ/는지 A/V-고 해서 N(이)면	더 A-(으)ㄴ가요?, V-나요?
3단원	**변화하는 사회**	세대 차이 사회 현상	A/V-(으)ㄹ수록 A/V-더니 A/V-(으)ㄴ/는 대로 N(이)란	더 N에 따르면
4단원	**인터넷과 생활**	인터넷 사용 인터넷 중고 거래	A/V-던데 V-는 바람에 A/V-(ㄴ/는)다면 V-다시피 하다	더 V-(으)ㄴ 결과
5단원	**명절과 축제**	축제 명절	A/V-(으)므로 A/V-더라도 A/V-기는커녕 A/V-기도 하다	더 (이)라도
6단원	**소비와 절약**	알뜰한 소비 소비 습관	A/V-든지 V-고 보다 A/V-거니와 V-아/어 버리다	더 (이)든지 더 N에 따라

듣고 쓰기	말하기	읽고 쓰기
새 학기 시작 소감과 각오에 대한 대화 듣고 쓰기 신입 사원들에게 해 주고 싶은 조언에 대한 인터뷰 듣고 쓰기	좌우명에 대해 말하기 인생에서 이루고 싶은 목표에 대해 설명하기	소설에 대해 소개하는 출판사 서평 읽기 특별한 만남에 대한 서술의 글 쓰기
새로 시작한 여가 활동에 대한 대화 듣고 쓰기 좋아하는 가수의 팬 미팅에 대한 대화 듣고 쓰기	가수의 팬이 된 후 생긴 긍정적인 변화에 대해 말하기 여행에 대한 소감 말하기	답사 동아리 모임에 대해 소개하는 게시판 글 읽기 기억에 남는 건축물에 대한 묘사의 글 쓰기
세대 차이에 대한 대화 듣고 쓰기 사라지는 것에 대한 대화 듣고 쓰기	사회적 인식이 달라진 직업에 대해 말하기 행복한 삶에 대해 말하기	젊은 시절 아버지의 직장 생활에 대해 쓴 일기 읽기 업무 환경 변화에 대한 원인 분석의 글 쓰기
즐겨 보는 동영상 채널에 대한 대화 듣고 쓰기 가짜 뉴스에 대한 전문가와의 인터뷰 듣고 쓰기	스마트폰 사용을 줄이는 방법에 대해 말하기 인터넷 중고 거래에 대해 설명하기	전자 제품에 대해 비교하는 인터넷 게시판 글 읽기 중고품 판매에 대한 광고의 글 쓰기
학교 축제 행사에 대한 안내 방송 듣고 쓰기 영화 축제에 대한 뉴스 인터뷰 듣고 쓰기	축제 기획에 대해 말하기 두 나라의 새해 풍습 비교하기	명절에 대해 소개하는 인터뷰 기사문 읽기 두 나라 명절에 대한 비교의 글 쓰기
생활비 지출에 대한 대화 듣고 쓰기 생활비 절약 방법에 대한 1인 방송 듣고 쓰기	물건을 싸게 구입하는 방법에 대해 말하기 자신의 소비 습관에 대해 말하기	소비 습관에 대해 소개하는 인터넷 게시판 글 읽기 잘못된 소비 습관에 대한 예시의 글 쓰기

Ⓓ 더 알아보기

Workbook 구성과 사용법

- 『새 이화 한국어 Workbook 4-1』, 『새 이화 한국어 Workbook 4-2』는 『새 이화 한국어 4-1』, 『새 이화 한국어 4-2』에 맞춰 개발된 연습서이다.
- 교재에서 학습한 내용의 보충, 심화 학습이 가능하도록 설계되었으며 학습한 내용을 스스로 공부할 수 있도록 개인 학습용으로 개발되었다.
- 각 단원은 '어휘와 표현', '문법', '듣고 쓰기', '말하기', '읽고 쓰기' 총 5개 영역으로 구성되어 있다.
- 각 단원별 연습 문제 이외에 문법에 대한 주요 설명이 별도의 부록으로 구성되어 있다.

어휘와 표현

교재의 소단원 1, 3에서 다룬 '어휘와 표현'의 연습 부분이다. 어휘와 표현의 의미를 확인, 점검하는 문제와 이를 활용해 어휘 사용 능력을 향상시킬 수 있는 다양한 유형의 연습 문제로 구성하였다.

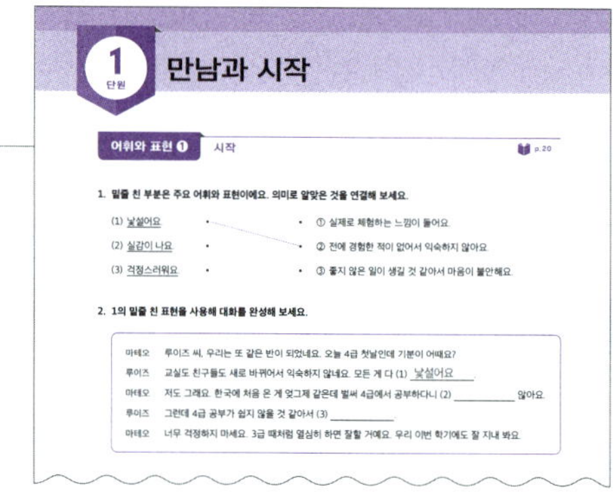

문법

교재의 소단원 1, 2, 3에서 다룬 '문법'의 연습 부분이다. 정확한 문법 사용 능력을 기를 수 있도록 각 목표 문법을 활용한 문장 만들기, 대화 만들기, 고쳐 쓰기 등의 연습 문제로 구성하였다. 문법 연습과 더불어 '더 알아보기'의 연습 문제도 같이 제공하였다. 또한 '종합 문제'를 통하여 각 단원에서 학습한 문법을 종합적으로 활용할 수 있게 하였다.

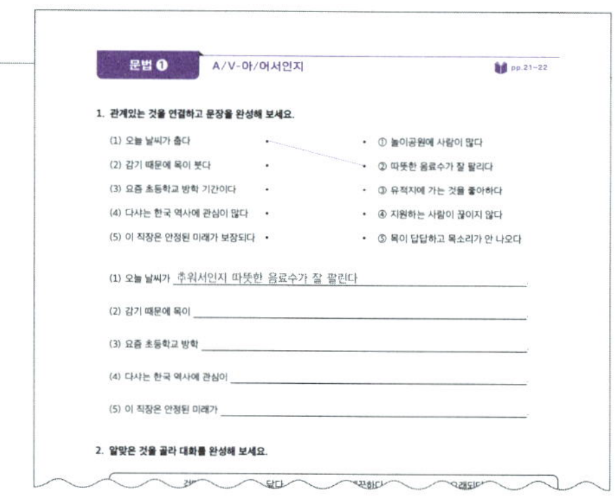

듣고 쓰기

교재의 소단원 1, 2에서 다룬 '듣기'의 연습 부분이다. 교재에서 제시한 주요 표현이 사용된 대화를 듣고 내용을 확인하는 문제와 교재와 비슷한 주제의 대화문을 듣고 주요 내용을 빈칸에 요약하여 쓰는 연습 문제로 구성하였다.

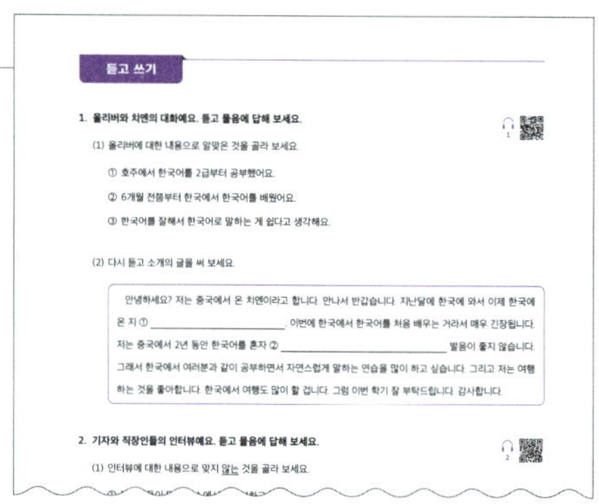

말하기

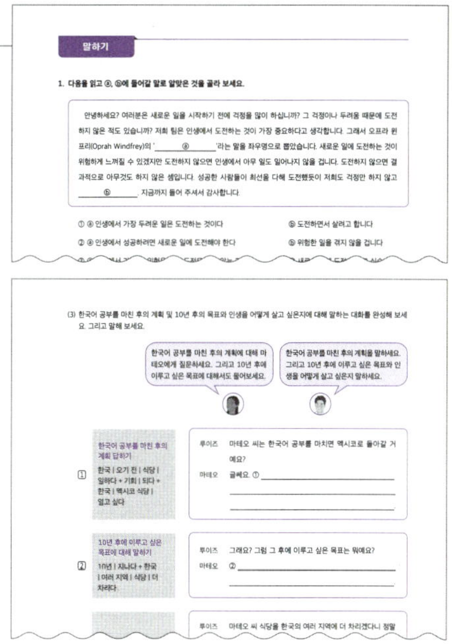

교재의 소단원 2, 3에서 다룬 '말하기'의 연습 부분이다. 소단원 2 말하기 연습 문제는 교재에서 제시한 주요 표현을 담화 맥락을 통해 연습할 수 있도록 구성하였다.

소단원 3 말하기 연습은 교재에 제시된 기능 표현을 연습하는 문제와 핵심어를 활용해 대화문을 만드는 문제로 구성하였다. 이를 통해 기능 표현의 의미를 대화문 속에서 파악하고 핵심어를 보면서 대화를 완성하는 연습을 할 수 있게 설계하였다. 대화문을 만드는 연습의 모범 대화문은 부록에 제시하여 학습자가 스스로 확인할 수 있게 하였다.

핵심어 기호

○ : 긍정　× : 부정　| : 조사, 표현　+ : 연결 어미

읽고 쓰기

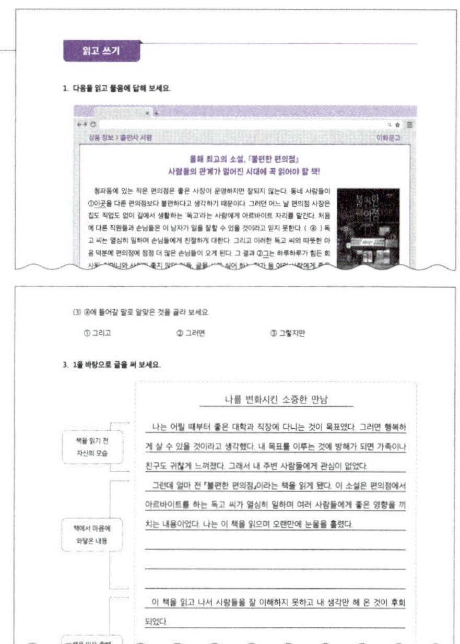

교재의 소단원 3에서 다룬 '읽고 쓰기'의 연습 부분이다. 읽기는 교재 읽기에서 제시한 주제와 관련된 내용의 글을 다양한 텍스트 유형으로 구현하여 제공하였다. 연습 문제는 교재의 읽기 전략을 연습할 수 있는 문제와 내용 이해 문제를 제공하여 이해 능력을 향상시킬 수 있도록 구성하였다.

쓰기는 교재 읽기 텍스트 유형과 동일한 글을 쓰게 하기 위해서 워크북 읽기 내용을 활용해 글을 쓰는 활동으로 구성하였다. 학습자들의 쓰기 활동을 돕고자 교재에서 제시한 도움 질문을 활용해 글을 완성할 수 있게 하였다. 부록에 모범 글을 제시하여 스스로 확인이 가능하게 하였다.

문법 설명

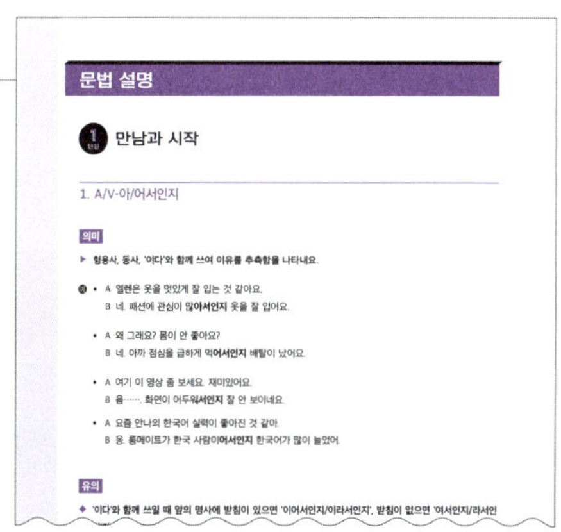

교재 소단원 1, 2, 3에서 다룬 '문법' 및 '더 알아보기'에 대한 설명 부분이다. 각 문법의 의미를 자세한 설명과 함께 부록으로 제시하였다. 문법의 의미와 함께 다양한 예를 대화문으로 제시함으로써 문법에 대한 이해를 돕고자 하였다. 문법 활용 시 유의할 점도 예와 같이 제공하여 오류를 줄이고자 하였다.

1 단원 만남과 시작

어휘와 표현 ❶ 시작

p.20

1. 밑줄 친 부분은 주요 어휘와 표현이에요. 의미로 알맞은 것을 연결해 보세요.

(1) 낯설어요. •   • ① 실제로 체험하는 느낌이 들어요.

(2) 실감이 나요. •   • ② 전에 경험한 적이 없어서 익숙하지 않아요.

(3) 걱정스러워요. •   • ③ 좋지 않은 일이 생길 것 같아서 마음이 불안해요.

2. 1의 밑줄 친 표현을 사용해 대화를 완성해 보세요.

마테오 루이즈 씨, 우리는 또 같은 반이 되었네요. 오늘 4급 첫날인데 기분이 어때요?

루이즈 교실도 친구들도 새로 바뀌어서 익숙하지 않네요. 모든 게 다 (1) 낯설어요.

마테오 저도 그래요. 한국에 처음 온 게 엊그제 같은데 벌써 4급에서 공부하다니 (2) ________ 않아요.

루이즈 그런데 4급 공부가 쉽지 않을 것 같아서 (3) ________.

마테오 너무 걱정하지 마세요. 3급 때처럼 열심히 하면 잘할 거예요. 우리 이번 학기에도 잘 지내 봐요.

3. 알맞은 것을 골라 대화를 완성해 보세요.

도전하다	끝까지 버티다	어려움을 겪다

(1) A 졸업을 앞둔 학생들에게 한 말씀 부탁드립니다.

B 사회에 나가면 여러분이 해결하기 힘든 어려움을 겪게 될 수도 있습니다. 그래도 계속 꿈을 품고 노력하기 바랍니다.

(2) A 사업에 성공하시기까지 많이 힘드셨죠?

B 네. 너무 힘들어서 그만두고 싶은 적도 많았습니다. 하지만 저를 믿고 함께해 준 직원들 덕분에 ________ 수 있었습니다.

(3) A 그동안 가수로 활동하시다가 연기를 하게 되셨는데 소감이 어떠십니까?

B 이번에 새롭게 연기에 ________ 되었는데요. 열심히 할 테니까 많은 관심 부탁드립니다.

어휘와 표현 ❷ 만남 후의 변화

1. 알맞은 것을 골라 글을 완성해 보세요.

격려를 받다	사랑을 베풀다	영향을 미치다	정신을 본받다

1885년 미국에서 한국으로 온 메리 F. 스크랜튼(Mary F. Scranton)은 한국의 여자 아이들이 학교에 가지 못하는 것을 보고 이들을 돕고 싶었다. 그래서 스크랜튼은 1886년에 학교를 만들어서 여학생들에게 관심을 주고 (1) 사랑을 베풀었다. 그리고 여학생들은 선생님에게서 용기를 잃지 말고 끝까지 공부하라는 (2) ______________. 이렇게 세워진 학교가 지금의 이화여자대학교다. 이화여대는 스크랜튼이 보여 준 사랑과 나눔의 (3) ______________ 지금도 대학생들을 교육하고 있다. 그 결과 졸업생들은 자신의 자리에서 사회에 긍정적인 (4) ______________ 있다.

2. 밑줄 친 부분은 주요 어휘와 표현이에요. 관계있는 것을 골라 써 보세요.

(1) <u>교훈을 얻었어요.</u> ③
(2) <u>시야를 넓혔어요.</u> ____
(3) <u>관심을 기울였어요.</u> ____
(4) <u>가치관을 변화시켰어요.</u> ____

① "배낭여행을 하면서 세계에 대해 더 넓게 생각하게 됐어요."
② "그 이야기는 삶에서 중요한 것에 대한 생각을 달라지게 했어요."
③ "저는 이 영화에서 어려움이 있어도 포기하지 않아야겠다는 가르침을 받았어요."
④ "저는 초등학교 때 친구가 없었는데 선생님께서 제가 잘 지내는지 항상 물어봐 주셨어요."

3. 2의 밑줄 친 표현을 사용해 대화를 완성해 보세요.

이 책을 학생들이 꼭 읽어야 하는 이유는 무엇입니까?

이 책은 여러 나라의 문제들을 소개하고 있습니다. 학생들은 책을 읽으면서 세계에 어떤 문제가 있는지 (1) 관심을 기울이게 될 겁니다. 이 책은 학생들의 좁은 (2) ______________ 줄 겁니다.

이 책을 읽은 후에 인생에 큰 변화를 겪으셨다면서요?

저는 이 책에 나오는 사람들의 삶을 보면서 많은 가르침과 (3) ______________. 책을 읽기 전에는 성공과 돈을 위해 살았었는데 이제는 다른 사람들의 행복을 위해 살게 되었습니다. 이렇게 이 책은 삶에 대한 제 생각과 (4) ______________.

문법 ❶ A/V-아/어서인지

pp.21~22

1. 관계있는 것을 연결하고 문장을 완성해 보세요.

(1) 오늘 날씨가 춥다 • • ① 놀이공원에 사람이 많다

(2) 감기 때문에 목이 붓다 • • ② 따뜻한 음료수가 잘 팔리다

(3) 요즘 초등학교 방학 기간이다 • • ③ 유적지에 가는 것을 좋아하다

(4) 다샤는 한국 역사에 관심이 많다 • • ④ 지원하는 사람이 끊이지 않다

(5) 이 직장은 안정된 미래가 보장되다 • • ⑤ 목이 답답하고 목소리가 안 나오다

(1) 오늘 날씨가 추워서인지 따뜻한 음료수가 잘 팔린다.

(2) 감기 때문에 목이 ______________________.

(3) 요즘 초등학교 방학 ______________________.

(4) 다샤는 한국 역사에 관심이 ______________________.

(5) 이 직장은 안정된 미래가 ______________________.

2. 알맞은 것을 골라 대화를 완성해 보세요.

걷다	닮다	깨끗하다	오래되다

(1) A 왜 그래요? 다리 아파요?
B 네. 평소보다 좀 많이 걸어서인지 다리가 아프네요.

(2) A 딸이 초등학생인데 키가 아주 크네요.
B 네. 저는 키가 작은 편인데 딸은 아빠를 ______________ 키가 커요.

(3) A 와, 여기 올라오니까 경치가 참 좋네요.
B 그렇죠? 오늘 공기가 ______________ 멀리까지 더 잘 보이는 것 같아요.

(4) A 에어컨이 또 고장 났어요?
B 네. 에어컨이 ______________ 자꾸 고장이 나요. 이번에는 새로 사야겠어요.

문법 ❷ A/V-(으)ㄴ/는 셈이다

pp.23~24

1. 알맞은 것을 골라 대화를 완성해 보세요.

같다	듣다	읽다	대부분이다

(1) A 1년에 책을 얼마나 읽으십니까?

B 한 달에 한 권쯤 읽으니까 1년에 열 권 넘게 읽는 셈입니다.

(2) A 오늘 이 콘서트에 온 팬들 열 명 중 아홉 명이 외국인이라고 해요.

B 그럼 외국인 팬이 거의 ____________________.

(3) A 이번에 새로 나온 김지훈 앨범 노래들 다 들어 봤어요?

B 지금 듣고 있어요. 열다섯 곡 중에서 열네 곡을 들었으니까 다 ____________________.

(4) A 선크림을 사려고 하는데 이거랑 저거 중에서 뭘 살까? 이게 좀 더 비싸기는 해.

B 이건 비싼 대신에 양이 많잖아. 그러니까 가격은 거의 ____________________.

2. 의미가 같은 문장으로 바꿔 보세요.

(1) 보고서를 스무 장 써야 하는데 지금 열아홉 장을 썼다.

⇨ 보고서를 거의 다 쓴 셈이다.

(2) 평일에는 집에서 밥을 해 먹는데 주말에는 외식을 한다.

⇨ 일주일에 이틀은 외식을 ____________________.

(3) 벌써 12월 21일이니까 올해가 10일밖에 안 남았다.

⇨ 벌써 12월 21일이니까 올해가 다 ____________________.

(4) 원룸 보증금 1,000만 원 중에서 10만 원이 부족하다.

⇨ 원룸 보증금 1,000만 원을 거의 다 ____________________.

(5) 원래 50,000원인 옷을 2,000원에 팔고 있으니까 공짜나 마찬가지다.

⇨ 원래 50,000원인 옷을 2,000원에 팔고 있으니까 ____________________.

문법 ③ A/V-듯(이)

1. 알맞은 것을 골라 대화를 완성해 보세요.

알다	어둡다	장소이다	말씀드리다

(1) A 부산에 여행 가려고 하는데 부산에서는 어디에 가 보면 좋을까요?

B 서울에서는 한강이 대표적인 장소이듯(이) 부산에서는 해운대가 유명해요.

(2) A 인터넷이 안 되면 뉴스를 하나도 모르고 살 것 같아요.

B 그렇죠. 전에는 신문을 보고 소식을 ______ 요즘에는 인터넷으로 알게 되니까요.

(3) A 오늘 좋은 강의를 해 주셔서 감사드립니다. 마지막으로 한 말씀 부탁드립니다.

B 이미 앞에서도 ______ 모두 포기하지 말고 끝까지 최선을 다하시기 바랍니다.

(4) A 지금까지 새로운 일에 계속 도전하셨는데 도전하기 전에 걱정이나 두려움은 없으셨습니까?

B 해가 뜨기 바로 전에 새벽이 가장 ______ 도전을 시작하기 전에 마음이 가장 두렵죠. 그렇지만 일단 도전하는 것이 중요합니다.

2. 관계있는 것을 연결하고 문장을 완성해 보세요.

(1) 눈 녹다 •	• ① 돈을 쓰다
(2) 물 쓰다 •	• ② 자주 가다
(3) 밥 먹다 •	• ③ 땀을 흘리다
(4) 비 오다 •	• ④ 화가 풀리다
(5) 제집 드나들다 •	• ⑤ 거짓말을 하다

(1) 친구 때문에 화가 나 있었는데 친구가 사과를 하니까 눈 녹듯(이) 화가 풀렸다.

(2) 유나는 쇼핑할 때마다 ______ 용돈이 항상 모자란다.

(3) 내 동생은 어렸을 때 ______ 어머니께 자주 혼났었다.

(4) 더운 날씨에 등산을 하면 ______ 물을 자주 마시게 된다.

(5) 위칭은 좋아하는 카페에 ______.

문법 ❹ A/V-(으)며

pp.33~34

1. 그림을 보고 대화를 완성해 보세요.

(1) 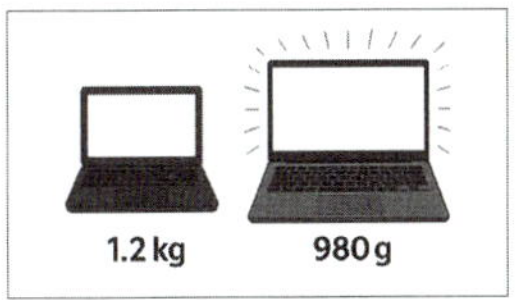

A 이 노트북은 어떤 점에서 인기를 끌고 있습니까?

B 이 제품은 무게가 가벼우며______ 화면도 크고 넓은 것이 장점입니다.

(2) 

A 사람들이 이화쇼핑몰을 자주 이용하는 이유가 뭘까요?

B 매장의 종류도 ______________ 교통이 편리해서 가기 쉽기 때문입니다.

(3) 

A 뮤지컬 〈우리들〉을 본 관객들의 반응이 아주 좋던데요?

B 네. 배우들의 노래 실력이 ______________ 무대도 화려하다는 의견이 많습니다.

(4) 

A 너 성격 유형 검사 해 봤어? 나는 즉흥적이고 감정적인 성격이라고 나왔어.

B 그래? 나랑 반대다. 나는 ______________ 이성적인 성격이라고 결과가 나왔거든.

2. 알맞은 것을 골라 글을 완성해 보세요.

듣다	살다	다니다	걱정하다

신촌으로 이사를 가려고 하는 대학생입니다. 신촌은 살기 어때요? 신촌에서 사시는 분들의 의견이 궁금합니다.

└, 신촌은 살기 좋은 동네입니다. 저는 그동안 신촌에서 (1) 살며______ 여러 가지 좋은 점을 느꼈습니다. 먼저 신촌은 학생들을 위한 편의 시설이 많고 교통도 편리합니다. 그래서 학교에 (2) ______________ 생활하기 정말 좋습니다. 공원도 있기 때문에 저는 매일 공원에서 음악을 (3) ______________ 산책합니다. 마지막으로 경찰서도 가까이에 있고 밤 늦게까지 거리가 밝습니다. 그래서 밤에도 안전하니까 (4) ______________ 다니지 않아도 됩니다. 신촌으로 이사 오세요.

⊕ 더 알아보기 A/V-(으)ㄹ 뿐이다

p.31

1. 알맞은 것을 골라 대화를 완성해 보세요.

알다	앉다	표현이다	변덕스럽다

(1) A 책상을 갑자기 밀면 어떡해? 필통이 떨어졌잖아.

B 나는 안 밀었어. 그냥 의자에 앉았을 뿐이야 .

(2) A 어머, 이거 선물이에요? 이런 거 안 주셔도 되는데…….

B 제 마음의 ______________ 그냥 받아 주세요.

(3) A 저 친구는 성격이 나쁘다는 얘기가 있던데요.

B 제가 친해서 잘 아는데 성격이 나쁘지는 않아요. 그냥 조금 ______________.

(4) A 이 사람 알죠? 어제 둘이 같이 뭘 했습니까?

B 우리는 어제 만나지도 않았습니다. 게다가 저는 그 사람하고 친하지도 않고 서로 그냥 이름만 ______________.

종합 연습

1. 알맞은 것을 골라 글을 완성해 보세요.

-듯(이)	-(으)며	-아/어서인지	-(으)ㄴ/는 셈이다

12. 7. 금요일 ☼

5월 말에 한국에 와서 2급부터 한국어를 공부하기 시작했으니까 이제 한국에 온 지 반년이 (1) 지난 셈이다 (지나다). 처음에는 모든 것이 낯설어서 힘들었는데 요즘에는 한국 생활에 (2) ______________(익숙해지다) 마음도 편하고 매일 생활이 즐겁다. 한국 생활을 잘하기 위해서는 역시 한국어를 잘해야 하는 것 같다. 한국어를 잘 모를 때는 걱정이 많았지만 한국어를 잘하게 되니까 자신감도 생기고 적극적으로 생활하게 되었다. 이번 주부터 4급 수업이 시작되었는데 친구들과 한국어로 많이 (3) ______________(이야기하다) 한국어 실력을 더 키우고 싶다. 지금까지 열심히 (4) ______________(해 오다) 앞으로도 최선을 다할 것이다.

듣고 쓰기

1. 올리버와 치엔의 대화예요. 듣고 물음에 답해 보세요.

1

(1) 올리버에 대한 내용으로 알맞은 것을 골라 보세요.

① 호주에서 한국어를 2급부터 공부했어요.

② 6개월 전쯤부터 한국에서 한국어를 배웠어요.

③ 한국어를 잘해서 한국어로 말하는 게 쉽다고 생각해요.

(2) 다시 듣고 소개의 글을 써 보세요.

> 안녕하세요? 저는 중국에서 온 치엔이라고 합니다. 만나서 반갑습니다. 지난달에 한국에 와서 이제 한국에 온 지 ① ______________________. 이번에 한국에서 한국어를 처음 배우는 거라서 매우 긴장됩니다. 저는 중국에서 2년 동안 한국어를 혼자 ② __________________________ 발음이 좋지 않습니다. 그래서 한국에서 여러분과 같이 공부하면서 자연스럽게 말하는 연습을 많이 하고 싶습니다. 그리고 저는 여행하는 것을 좋아합니다. 한국에서 여행도 많이 할 겁니다. 그럼 이번 학기 잘 부탁드립니다. 감사합니다.

2. 기자와 직장인들의 인터뷰예요. 듣고 물음에 답해 보세요.

2

(1) 인터뷰에 대한 내용으로 맞지 않는 것을 골라 보세요.

① 직장인들이 많은 장소에서 인터뷰하고 있어요.

② 요즘은 처음 직장 생활을 시작하는 사람들이 많은 때예요.

③ 리포터는 직장 생활을 30년 이상 해 온 사람들의 의견을 듣고 있어요.

(2) 다시 듣고 들은 내용을 써 보세요.

> 리포터는 신입 사원들에게 해 주고 싶은 조언에 대해 직장인들에게 인터뷰를 했다. 여자 직장인은 신입 사원들에게 선배들에게서 ① ______________________ 조언했다. 지금은 스스로 일을 해야 돼서인지 그때 더 많이 배우지 못한 것이 후회된다고 했다. 자기는 배울 수 있는 기회를 놓친 셈이라고 하면서 ② ________________________ 했다. 남자 직장인은 다른 사람과 대화하려는 ③ ______________________ 했다. 가족이나 친구 관계에서 대화가 중요하듯이 사회생활에서도 서로의 의견을 나누는 것이 중요하다고 했다.

말하기

1. 다음을 읽고 ⓐ, ⓑ에 들어갈 말로 알맞은 것을 골라 보세요.

안녕하세요? 여러분은 새로운 일을 시작하기 전에 걱정을 많이 하십니까? 그 걱정이나 두려움 때문에 도전하지 않은 적도 있습니까? 저희 팀은 인생에서 도전하는 것이 가장 중요하다고 생각합니다. 그래서 오프라 윈프리(Oprah Windfrey)의 '_____ⓐ_____'라는 말을 좌우명으로 뽑았습니다. 새로운 일에 도전하는 것이 위험하게 느껴질 수 있겠지만 도전하지 않으면 인생에서 아무 일도 일어나지 않을 겁니다. 도전하지 않으면 결과적으로 아무것도 하지 않은 셈입니다. 성공한 사람들이 최선을 다해 도전했듯이 저희도 걱정만 하지 않고 _____ⓑ_____. 지금까지 들어 주셔서 감사합니다.

① ⓐ 인생에서 가장 두려운 일은 도전하는 것이다 ⓑ 도전하면서 살려고 합니다

② ⓐ 인생에서 성공하려면 새로운 일에 도전해야 한다 ⓑ 위험한 일을 겪지 않을 겁니다

③ ⓐ 인생에서 가장 큰 위험은 어떤 도전도 하지 않는 것이다 ⓑ 새로운 일에 도전해 보고 싶습니다

2. 다음 물음에 답해 보세요.

(1) 10년 후에 이루고 싶은 목표를 표현하는 말로 알맞은 것을 골라 보세요. 말하기 기능

A 10년 후에 이루고 싶은 목표는 뭐예요?
B ________________________________.

① 10년이 지나면 제품을 많이 개발해서 사업을 확장해 보세요

② 10년 후에 새로운 제품을 개발해서 사업을 확장했으면 좋겠어요

③ 10년 정도 후에는 다양한 제품을 만들어서 사업을 확장할 거라고 해요

(2) 인생을 어떻게 살고 싶은지 표현하는 말로 알맞은 것을 골라 보세요. 말하기 기능

A 인생을 어떻게 살고 싶어요?
B ________________________________.

① 노력한 만큼 꿈을 이룰 수 있는 게 아니에요

② 저는 인생의 꿈을 이루기 위해 노력해 왔어요

③ 꿈을 이루기 위해 노력하면서 살아야 한다고 생각해요

(3) 한국어 공부를 마친 후의 계획 및 10년 후의 목표와 인생을 어떻게 살고 싶은지에 대해 말하는 대화를 완성해 보세요. 그리고 말해 보세요.

한국어 공부를 마친 후의 계획에 대해 마테오에게 질문하세요. 그리고 10년 후에 이루고 싶은 목표에 대해서도 물어보세요.

한국어 공부를 마친 후의 계획을 말하세요. 그리고 10년 후에 이루고 싶은 목표와 인생을 어떻게 살고 싶은지 말하세요.

1

한국어 공부를 마친 후의 계획 답하기

한국 | 오기 전 | 식당 | 일하다 + 기회 | 되다 + 한국 | 멕시코 식당 | 열고 싶다

루이즈 마테오 씨는 한국어 공부를 마치면 멕시코로 돌아갈 거예요?

마테오 글쎄요. ① ______________________________.

2

10년 후에 이루고 싶은 목표에 대해 말하기

10년 | 지나다 + 한국 | 여러 지역 | 식당 | 더 차리다

루이즈 그래요? 그럼 그 후에 이루고 싶은 목표는 뭐예요?

마테오 ② ______________________________.

3

인생을 어떻게 살고 싶은지 말하기

끊임없이 **도전하다** + 사는 것 | 인생 | 아닐까 싶다

루이즈 마테오 씨 식당을 한국의 여러 지역에 더 차리겠다니 정말 대단한데요.

마테오 사실 제가 정말 이루고 싶은 건 제 식당을 세계적으로 키우는 거예요. 목표를 위해서 ③ ______________________________.

4

그 목표를 위한 각오 말하기

얼마나 노력하다 + 되다 + 모르다 + 꼭 이루고 싶다

ㅇ : 긍정 × : 부정
| : 조사, 표현 + : 연결 어미

루이즈 맞아요. 자기가 하고 싶은 일에 도전하며 행복하게 살면 멋진 인생이 될 것 같아요.

마테오 그렇죠? ④ ______________________________.

루이즈 네. 마테오 씨는 잘할 수 있을 거예요.

읽고 쓰기

1. 다음을 읽고 물음에 답해 보세요.

상품 정보 〉 출판사 서평 　　　　　　　　　　　　　　　　　　이화문고

올해 최고의 소설, 『불편한 편의점』
사람들의 관계가 멀어진 시대에 꼭 읽어야 할 책!

청파동에 있는 작은 편의점은 좋은 사장이 운영하지만 잘되지 않는다. 동네 사람들이 ①이곳을 다른 편의점보다 불편하다고 생각하기 때문이다. 그러던 어느 날 편의점 사장은 집도 직업도 없이 길에서 생활하는 '독고'라는 사람에게 아르바이트 자리를 맡긴다. 처음에 다른 직원들과 손님들은 이 남자가 일을 잘할 수 있을 것이라고 믿지 못한다. (ⓐ) 독고 씨는 열심히 일하며 손님들에게 친절하게 대한다. 그리고 이러한 독고 씨의 따뜻한 마음 덕분에 편의점에 점점 더 많은 손님들이 오게 된다. 그 결과 ②그는 하루하루가 힘든 회사원, 어머니와 사이가 좋지 않던 아들, 글을 쓰고 싶어 하는 작가 등 여러 사람에게 좋은 영향을 끼친다.

└ bo*** 재미와 감동을 모두 주는 책이었습니다. 책을 읽으며 오랜만에 눈물을 흘렸어요. "행복은 멀리 있지 않고 내 옆의 사람들과 마음을 나누는 데 있음을 이제 깨달았다." 이 문장이 제일 마음에 와닿았어요.

└ ki**** 독고 씨가 손님들에게 친절했듯이 저도 친절한 사람이 되어야겠어요. 정말 ③이 시대에 꼭 필요한 소설이에요.

└ je*** 사람들을 잘 이해하지 못하고 제 생각만 해 온 저의 모습이 후회됩니다. 앞으로 저도 다른 사람을 잘 이해하고 다른 사람들의 마음에 잘 공감해 주고 싶습니다.

(1) 밑줄 친 부분의 의미로 맞지 않는 것을 골라 보세요. 　읽기 전략

① 이곳 - 청파동에 있는 작은 편의점

② 그 - 편의점 사장

③ 이 시대 - 사람들의 관계가 멀어진 시대

2. 다시 읽고 물음에 답해 보세요.

(1) 책의 내용에 대한 설명으로 알맞은 것을 골라 보세요.

① 편의점 사장은 독고 씨를 불편하게 생각했다.

② 독고 씨는 편의점 손님들에게 좋은 영향을 미쳤다.

③ 편의점의 다른 직원들은 독고 씨를 처음부터 좋아했다.

(2) 이 책에 대한 사람들의 의견으로 맞지 않는 것을 골라 보세요.

① 이 책을 읽으며 재미와 감동을 모두 느꼈다.

② 다른 사람들에게 친절하게 대해 주기로 했다.

③ 다른 사람들에게서 공감과 이해를 받을 수 있으면 좋겠다.

(3) ⓐ에 들어갈 말로 알맞은 것을 골라 보세요.

① 그리고 ② 그러면 ③ 그렇지만

3. 1을 바탕으로 글을 써 보세요.

나를 변화시킨 소중한 만남

책을 읽기 전 자신의 모습

나는 어릴 때부터 좋은 대학과 직장에 다니는 것이 목표였다. 그러면 행복하게 살 수 있을 것이라고 생각했다. 내 목표를 이루는 것에 방해가 되면 가족이나 친구도 귀찮게 느껴졌다. 그래서 내 주변 사람들에게 관심이 없었다.

책에서 마음에 와닿은 내용

그런데 얼마 전 『불편한 편의점』이라는 책을 읽게 됐다. 이 소설은 편의점에서 아르바이트를 하는 독고 씨가 열심히 일하며 여러 사람들에게 좋은 영향을 끼치는 내용이었다. 나는 이 책을 읽으며 오랜만에 눈물을 흘렸다.

책을 읽은 후에 달라진 점

이 책을 읽고 나서 사람들을 잘 이해하지 못하고 내 생각만 해 온 것이 후회되었다.

2 단원 즐거운 여가 생활

어휘와 표현 ① 여가 활동과 그 특징

p.42

1. 밑줄 친 부분은 주요 어휘와 표현이에요. 관계있는 것을 연결해 보세요.

(1) <u>공감대를 형성해요.</u> •　　　• ① "도자기, 액세서리, 가구 등의 물건을 만드는 수업을 들어요."

(2) <u>사람들과 소통해요.</u> •　　　• ② "동호회에서 다양한 사람들을 만나며 마음과 생각을 나눠요."

(3) <u>실시간으로 방송해요.</u> •　　　• ③ "텔레비전이나 인터넷에서 올림픽 경기를 그 시간에 바로 보여 줘요."

(4) <u>공예 강좌를 수강해요.</u> •　　　• ④ "친구와 좋아하는 가수가 같아서 그 가수에 대해 이야기할 때가 많아요."

2. 1의 밑줄 친 표현을 사용해 대화를 완성해 보세요.

엘렌　다샤 씨, 마라톤 동호회는 어때요?

다샤　들어가기를 잘한 거 같아요. 달리는 게 취미인 사람들이 모여서인지 달리기와 관련된 이야기로 (1) __공감대를 형성할__ 수 있어서 사람들과 빨리 친해졌어요. 무엇보다 (2) ________________ 서로 알고 있는 정보도 들을 수 있어서 정말 좋아요. 엘렌 씨도 요즘 뭘 배운다고 했죠?

엘렌　네. 저는 집에서 온라인으로 한국 전통 액세서리를 만드는 (3) ________________ 있어요. 선생님이 수업을 (4) ________________ 궁금한 게 있으면 질문도 바로 할 수 있어요.

3. 알맞은 것을 골라 대화를 완성해 보세요.

도자기를 빚다	몸이 유연해지다	안정감을 느끼다	몸의 균형을 잡다

새로 시작한 요가 활동과 도자기 공예는 어때요?

전문가 선생님이 제 몸의 근육들을 골고루 사용할 수 있도록 (1) __몸의 균형을 잡아__ 주셔서 좋아요. 무엇보다 몸이 부드러워졌어요. (2) ________________ 어려운 동작도 힘들지 않아요.

집중해서 그릇을 만들고 있으면 복잡한 생각도 정리되고 마음의 (3) ________________ 수 있어서 좋아요. 세상에 하나뿐인 저만의 (4) ________________ 수 있어서 재미도 있고요.

어휘와 표현 ❷ 여행지의 인상적인 장면과 여행 소감

p.54

1. 밑줄 친 부분은 주요 어휘와 표현이에요. 관계있는 것을 골라 문장을 완성해 보세요.

(1) 가을이 되니까 산이 단풍으로 ___②___ ① 실망이 커요.

(2) 화가 났었는데 클래식 음악을 들으니까 ______ ② 붉게 물들었어요.

(3) 오랫동안 기대하고 있던 여행이 취소돼서 ______ ③ 마음이 차분해져요.

2. 1의 밑줄 친 표현을 사용해 대화를 완성해 보세요.

(1) A 엘렌 씨는 긴장될 때 어떻게 해요?

B 저는 책을 읽어요. 책을 읽고 있으면 ___마음이 차분해지고___ 긴장감도 사라져요.

(2) A 올리버 씨, 시험 잘 봤어요?

B 아니요. 준비를 열심히 했는데 생각보다 성적이 안 좋아서 저 자신한테 ____________.

(3) A 상우 씨, 아까 보내 준 사진요. 진짜 멋있던데요. 해돋이를 보러 바다에 갔다 온 거예요?

B 네. 오늘 마침 날이 좋았어요. 해가 뜨기 바로 전에 하늘이랑 바다가 다 ____________ 모습이 정말 멋있었어요.

3. 알맞은 것을 골라 글을 완성해 보세요.

해가 떠오르다	마음을 빼앗기다	산으로 둘러싸이다

KTX로 떠나는 여행

산이 보여 주는 멋진 경치에 빠져 보는 시간

연말을 맞이해서 조용하게 쉴 수 있는 곳을 찾고 있으면 한국 남쪽에 있는 작은 시골 마을로 지금 떠나 보자. 마을의 앞, 뒤, 옆이 모두 높은 (1) ___산으로 둘러싸여___ 있어서 공기가 맑고 자연 경치가 뛰어나다. 이곳에는 해돋이를 볼 수 있는 곳이 많다. 이른 아침에 산 위로 (2) ____________ 것을 보면 자신도 모르게 아름다운 풍경에 (3) ____________ 될 것이다.

여행 작가 강하나

문법 ❶ A/V-(ㄴ/는)다면서요?

pp.43-44

1. 다음을 보고 대화를 완성해 보세요.

(1)

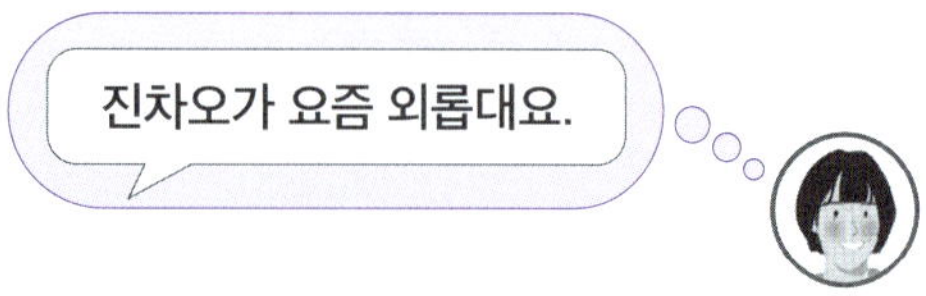

A 진차오 씨, 요즘 외롭다면서요 ?

B 네. 좋은 사람 있으면 소개해 주세요.

(2)

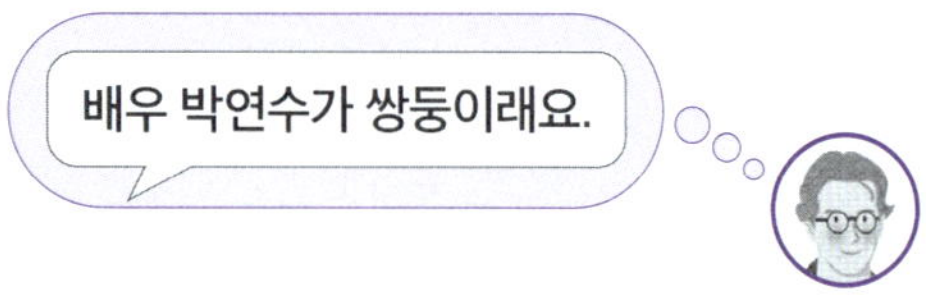

A 안나 씨, 배우 박연수가 ______________________?

B 네. 쌍둥이 동생은 회사원이래요.

(3)

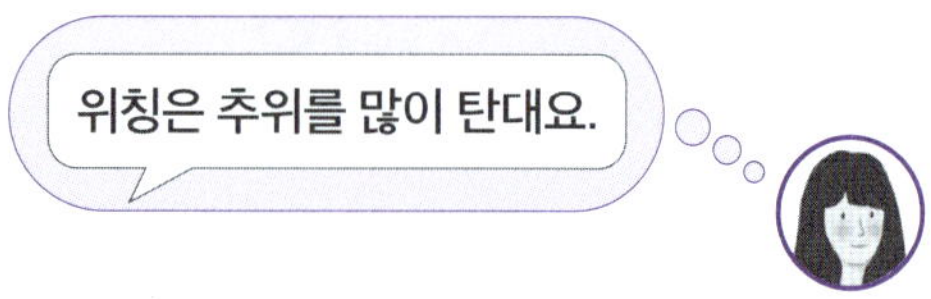

A 위칭 씨, 추위를 많이 ______________________?

B 네. 한국은 겨울에 많이 춥다고 들었어요. 정말 걱정이에요.

(4)

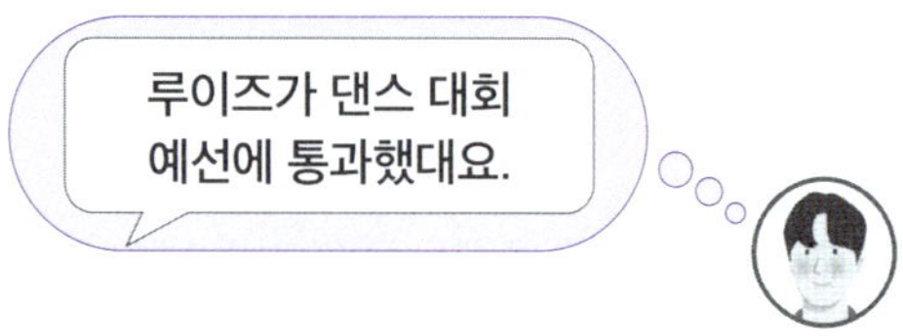

A 루이즈 씨, 댄스 대회 예선에 ______________________? 축하해요.

B 고마워요. 그런데 이제부터가 시작이니까 더 연습해야죠.

2. 다음을 읽고 대화를 완성해 보세요.

> **블루진스 콘서트 표 1분 만에 매진돼**
>
> 블루진스가 개인 활동을 끝내고 오랜만에 한 무대에 선다. 12월 크리스마스에 열리는 블루진스 콘서트는 예매가 시작된 지 1분 만에 모든 표가 매진됐다. 이번 콘서트는 해외 팬들을 위해 실시간으로 방송될 예정이다. 5년 만에 열리는 블루진스의 콘서트를 축하하기 위해 깜짝 손님도 올 거라고 한다.

진영 루이즈, 그 소식 봤어? 블루진스가 개인 활동을 끝내고 오랜만에 한 무대에 (1) 선다면서 ?

루이즈 응. 다섯 명이 모두 모인다니 너무 오랜만이라서 실감이 안 나.

진영 콘서트 예매가 시작된 지 1분 만에 표가 (2) ______________________?

루이즈 맞아. 나는 다행히 예매를 했는데 예매를 못 한 팬들이 정말 많대.

진영 이번 콘서트는 해외 팬들을 위해 실시간으로 방송될 (3) ______________________?

루이즈 그렇대. 블루진스 무대를 보고 싶어 하는 팬들이 해외에도 많아서 그렇게 하나 봐.

진영 깜짝 손님도 (4) ______________________?

루이즈 맞아. 누가 올지 정말 기대된다. 빨리 12월이 왔으면 좋겠어.

문법 ❷ 어찌나 A/V-(으)ㄴ/는지

pp.45-46

1. 그림을 보고 대화를 완성해 보세요.

(1) 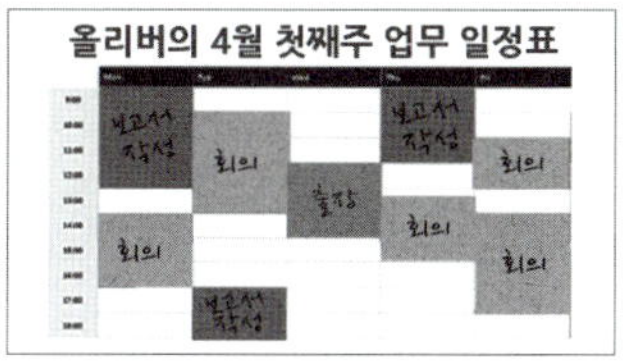

A 올리버, 요즘 많이 바빠?

B 응. 회사 일이 어찌나 많은지 점심 먹을 시간도 없어.

(2) 

A 왜 이렇게 늦었어요?

B 미안해요. 길이 ______________ 중간에 내려서 걸어 왔어요.

(3) 

A 엘렌 씨, 매운탕 좋아해요?

B 아니요. 지난번에 먹으러 가 봤는데 매운탕이 ______________ 조금도 먹을 수가 없었어요.

(4) 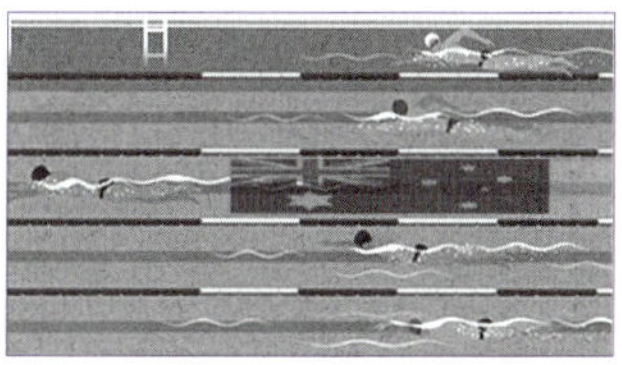

A 상우 씨, 어제 올림픽 수영 경기 봤어요?

B 네. 정말 대단했어요. 호주 선수가 수영을 ______________ 그 선수를 아무도 못 따라가던데요.

2. 알맞은 것을 골라 글을 완성해 보세요.

오다	비싸다	어렵다	긴장되다

10월 15일 화요일

오늘은 내가 지원한 회사에서 면접을 보는 날이었다. 그런데 아침에 늦잠을 자고 말았다. 일찍 일어나려고 알람도 맞춰 놓았지만 잠이 (1) 어찌나 오는지 도저히 눈을 뜰 수가 없었다. 시험에 늦을 것 같아서 택시를 탔는데 요금이 (2) ______________ 잠깐 탔는데 2만 원이 나왔다. 면접장에 들어갔는데 (3) ______________ 편하게 생각하려 해도 마음이 안정되지 않았다. 심지어 면접 질문이 (4) ______________ 대답도 잘 못했다. 준비한 걸 다 못 보여 준 것 같아서 너무 아쉬웠다.

문법 ③ A/V-고 해서

1. 알맞은 것을 골라 대화를 완성해 보세요.

들다	좋다	궁금하다	시험이다

(1) A 마테오 씨, 주말에 약속 있어요?

B 아니요. 특별한 약속은 없는데 다음 주가 시험이고 해서 도서관에 가려고 해요.

(2) A 엘렌, 주말에 날씨도 ________ 위칭이랑 한강에 가려고 하는데 너도 같이 갈래?

B 그래. 같이 가자.

(3) A 다샤 씨, 목도리 예쁘네요. 새로 샀어요?

B 네. 지난주에 같이 쇼핑하러 간 친구가 추천해 준 건데 가격도 괜찮고 색도 마음에 ________ 샀어요. 괜찮아요?

(4) A 안녕? 어떻게 지내? 얼마 전에 동창회 한 거 알지? 오랜만에 친구들을 만나니까 네 소식도 ________ 한번 연락해 봤어.

B 오랜만이야. 나도 그날 가고 싶었는데 급한 일이 있었어. 난 잘 지내.

2. 알맞은 것을 골라 글을 완성해 보세요.

되다	없다	흥미롭다	크리스마스이다

시험도 끝났고 제출해야 할 숙제도 (1) 없고 해서 수업이 끝난 후에 영화관에 갔다. 마침 얼마 전에 개봉한 〈사랑과 우정〉이 화제라고 해서 봤는데 배우들의 연기도 기대 이상이고 내용도 (2) ________ 좋았다. 영화를 보고 나니까 친구들 생각도 나고 곧 (3) ________ 친구들에게 줄 선물을 사러 갔다. 크리스마스에 어울리는 예쁜 선물들이 많았지만 친구들이 커피를 좋아하고 환경에 도움도 (4) ________ 예쁜 텀블러를 샀다. 선물과 함께 줄 카드도 샀다. 다음 주에 만나서 줄 생각을 하니까 벌써부터 기대가 된다.

문법 ④ N(이)면

1. 그림을 보고 대화를 완성해 보세요.

(1) 

A 혹시 쇼타가 못 먹는 음식이 있어?

B 아니. 쇼타는 일본 음식이면 일본 음식, 한국 음식이면 한국 음식 다 잘 먹어.

(2) 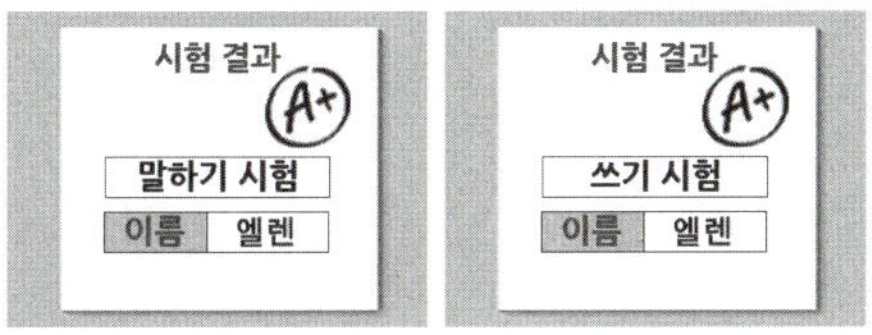

A 엘렌이 이번에도 시험을 잘 봤대요.

B 네. 저도 들었는데 ____________, ____________ 다 잘 본 거 같아요.

(3) 

A 가수 김지훈을 왜 그렇게 좋아해?

B ____________, ____________ 다 뛰어나서 무대에 있는 모습을 보면 너무 멋있어.

(4) 

A 얼마 전에 새로 나온 커피 브랜드가 빠르게 성장하고 있다면서요?

B 네. 음료의 ____________, ____________ 모두 괜찮아서 이 브랜드 커피를 찾는 사람들이 많다고 합니다.

2. 알맞은 것을 골라 대화를 완성해 보세요.

교통	어깨	외모	근무 환경

(1) A 그 동네가 그렇게 살기가 좋다면서요?

B 네. 교통이면 교통, 편의 시설이면 편의 시설 안 좋은 게 하나도 없습니다.

(2) A 위칭 씨가 소개해 준 친구는 잘 만나고 왔어요?

B 네. ____________, 성격이면 성격 다 괜찮아서 한 번 더 만나 보려고요.

(3) A 청소 다 끝냈어요?

B 네. 오랜만에 해서 그런지 팔이면 팔, ____________ 안 아픈 곳이 없어요.

(4) A 다른 직장으로 옮기려고요?

B 네. 지금 다니는 회사는 월급이면 월급, ____________ 마음에 드는 게 하나도 없어요.

더 알아보기 A-(으)ㄴ가요?, V-나요?

p.31

1. 알맞은 것을 골라 대화를 완성해 보세요.

닫다	살다	있다	어렵다

(1) A 이 책은 아이가 읽기 어려운가요 ?

B 아니요. 그림이 많고 아이들도 이해하기 쉽게 쓰여 있습니다.

(2) A 은행에 가야 하는데 한국은 은행이 몇 시에 문을 __________?

B 4시에 닫아요. 지금 3시 30분이니까 오늘 갈 거면 서두르세요.

(3) A 이화호텔이죠? 이번 토요일에 가려고 하는데 방이 __________?

B 죄송하지만 방이 없습니다.

(4) A 엘렌 씨, 학교 근처에서 자주 봤는데 혹시 학교 기숙사에서 __________?

B 아니요. 학교 앞 원룸에서 살고 있어요.

종합 연습

1. 알맞은 것을 골라 글을 완성해 보세요.

(이)면	-고 해서	-ㄴ/는다면서요?	어찌나 -(으)ㄴ/는지

쇼타 상우 씨, 지난주에 (1) 이사했다면서요 (이사하다)?

상우 네. 몇 달 전에 윗집이 새로 이사를 왔는데 밤마다 (2) __________(시끄럽다) 잠을 푹 자기가 힘들었거든요. 집 계약도 거의 끝나 갈 때라서 이사를 해야겠다고 생각하고 여러 동네를 보고 있었는데 우연히 지금 이사 온 집을 보게 됐어요. 집도 마음에 드는데 집주인이 급하게 팔려고 내놓은 집이라 주변 집보다 가격도 (3) __________(싸다) 바로 이사했어요.

쇼타 그렇군요. 이사 간 동네는 어때요?

상우 이전 집이 학교에서 가까운 건 좋았는데 동네에 산책할 공원도 없고 마트도 없어서 장을 볼 때도 힘들었거든요. 그런데 지금 동네는 (4) __________, __________(공원, 마트) 뭐 하나 부족한 게 없이 다 마음에 들어요. 걸어서 10분 정도면 다 갈 수 있어서 정말 편해요.

듣고 쓰기

1. 유나와 루이즈의 대화예요. 듣고 물음에 답해 보세요.

3

(1) 들은 내용으로 알맞은 것을 골라 보세요.

① 루이즈의 휴대 전화 화면에 연예인의 사진이 있어요.

② 루이즈는 몸의 자세가 좋아지도록 발레를 배우고 있어요.

③ 유나는 몸이 유연한 편이라서 발레 수업을 들어 보려고 해요.

(2) 다시 듣고 루이즈가 위칭에게 보내는 문자 메시지를 써 보세요.

루이즈

위칭! 내가 요즘 발레를 배우고 있는데 정말 재미있어. 발레 동작에 집중하면 시간이 ① ____________________ 복잡한 일들을 잊을 수 있어서 정말 좋아. 너도 요즘 취업 준비 때문에 ② ____________________? 이번 기회에 나랑 같이 발레를 배워 보는 건 어때? 마침 내가 다니는 학원에서 다음 주까지 수강 신청을 하면 할인도 해 준대. 유나도 가기로 했는데 너도 같이 가자!

오후 2:53

2. 진차오와 위칭의 대화예요. 듣고 물음에 답해 보세요.

4

(1) 두 사람이 이야기한 내용으로 알맞은 것을 골라 보세요.

① 위칭은 블루진스를 좋아하지만 팬 사인회에는 처음 갔어요.

② 위칭은 바쁘지만 블루진스를 보려고 팬 사인회를 신청했어요.

③ 진차오는 다른 가수나 배우의 팬 사인회에 가 본 경험이 많아요.

(2) 다시 듣고 들은 내용을 써 보세요.

위칭은 블루진스의 팬이다. 이번 팬 사인회에서 블루진스를 실제로 보니까 ① ____________________ 눈앞에서 보고 있어도 꿈을 꾸는 것 같았다. 사실 위칭은 블루진스랑 ② ____________________ 한국어도 배웠다. 그래서 사인을 받을 때 블루진스한테 하고 싶은 말을 한국어로 했는데 블루진스가 위칭의 말을 ③ ____________________. 위칭은 지금도 그 순간을 생각하면 웃음이 난다.

말하기

1. 다음을 읽고 ⓐ, ⓑ에 들어갈 말로 알맞은 것을 골라 보세요.

> 안녕하십니까? 저희는 조슈아가 가수 김지훈을 알게 된 후 경험한 긍정적인 변화에 대해 발표하려고 합니다. 조슈아는 어렸을 때부터 기타를 치면 즐겁고 해서 자주 연주했습니다. 시간이 흘러 더 진지하게 음악을 하고 싶었지만 주변의 반대가 컸습니다. 모두 조슈아에게 "공부 열심히 해서 1등 해야지.", "음악만으로는 성공할 수 없어."라고 했습니다. 조슈아는 ______ⓐ______. 그러다가 우연히 TV에서 김지훈이 "다른 사람들의 시선은 신경 쓰지 마세요. 마음의 소리에 집중하세요."라고 말하는 것을 보고 조슈아는 큰 감동을 받았습니다. 그때 조슈아는 자신이 ______ⓑ______ 음악 관련 학과에 진학했습니다. 이것으로 발표를 마치겠습니다. 고맙습니다.

① ⓐ 꿈에 대해 고민하게 됐습니다 ⓑ 원하는 것을 하며 살기로 마음먹고

② ⓐ 자신이 뭘 하고 싶은지 몰랐습니다 ⓑ 다른 사람들의 의견을 따르기로 결심하고

③ ⓐ 꿈과 미래에 대한 자신감이 생겼습니다 ⓑ 즐거움을 느끼는 일을 해야겠다고 다짐하고

2. 다음 물음에 답해 보세요.

(1) 여행에서 무엇이 좋았는지 강조해서 표현하는 말로 알맞은 것을 골라 보세요. 말하기 기능

> A 위칭한테 들었는데 이번 여행 숙소가 그렇게 좋았다면서요?
>
> B ______________________________.

① 맞아요. 시설에 주변 환경까지 전부 다 만족스러웠어요

② 네. 시설이면 시설, 환경이면 환경 다 괜찮은 곳이라고 들었어요

③ 글쎄요. 시설이나 주변 환경을 하나부터 열까지 다 확인해 봐야 할 거예요

(2) 기억에 남는 장면에 대한 소감을 표현하는 말로 알맞은 것을 골라 보세요. 말하기 기능

> A 호숫가 경치가 얼마나 아름다웠는데요?
>
> B 아침에 호수 위로 ______________________________.

① 안개가 조금씩 낀다고 들어서 조심하게 됐어요.

② 안개가 낀 모습이 멋있는 곳으로 많이 알려진 곳이에요

③ 안개가 낀 모습이 어찌나 아름다운지 감동 그 자체였어요

(3) 여행에서 무엇이 좋았는지, 기억에 남는 장면에 대한 소감은 어떤지 이야기하는 대화를 완성해 보세요. 그리고 말해 보세요.

엘렌이 여행을 다녀온 사실을 확인하고 그 여행이 어땠는지 물어보세요. 그리고 기억에 남는 장면과 그것을 본 소감을 물어보세요.

친구와 여행을 다녀왔는데 모든 것이 다 만족스러웠어요. 상우에게 여행을 떠난 이유와 여행에서 무엇이 좋았는지 강조해서 말하고 특별히 기억에 남는 장면과 그것에 대한 소감을 이야기하세요.

1

여행에 대해 답하기

머리 | **식히고 싶다** + 주말 | 친구 | 갔다 왔다

상우　엘렌 씨, 주말에 강릉에 다녀왔어요?

엘렌　네. ① ____
____.

2

여행에서 무엇이 좋았는지 강조해서 말하기

날씨 | 날씨, **경치** | 경치 뭐 하나 빠지는 것 없이 최고이다

상우　다른 친구한테 잠깐 들었는데 이번 여행이 그렇게 좋았다면서요?

엘렌　맞아요. ② ____
____.

3

기억에 남는 것 답하기

밤하늘 | 별 | 가득한 것 | 보다 + 정말 멋있다

상우　그래요? 그중에서 가장 기억에 남는 건 뭐예요?

엘렌　산 정상에서 별을 본 거요. ③ ______________________________
____.

4

기억에 남는 장면에 대한 소감 말하기

그때 하늘 위 | 보다 + 내 머리 위 | 별 | 쏟아지는 모습 | **아름답다**

상우　그래요? 얼마나 멋있었는데요?

엘렌　해가 진 후에 가로등이 없어서 정말 어두웠어요. ④ ________
____
____
____.

상우　그렇게 멋있었어요? 저도 한번 가 봐야겠어요.

읽고 쓰기

1. 다음을 읽고 물음에 답해 보세요.

'맛 따라 멋 따라' 동아리 봄학기 첫 모임 안내

회원 여러분, 모두가 기다리던 봄학기 첫 번째 모임을 안내합니다. 이번 학기 첫 모임은 인사동 '아름다운 찻집'에서 합니다.

▶ **모임 장소 정보** '아름다운 찻집'은 인사동의 옛 그림을 파는 가게 옆에 있습니다. 고층 빌딩들 가운데 서 있는 오래된 한옥의 모습이 인상적입니다. 건물 입구에 핀 봄꽃을 보며 돌계단을 올라가면 찻집으로 들어가는 문이 나옵니다. 찻집 안은 건물 외부와는 다르게 현대적으로 장식되어 있습니다. 벽에는 판매를 위해 예쁘게 포장된 다양한 차들이 가득합니다. 차면 차, 잔이면 잔 모두 깔끔하게 전시되어 있습니다.

▶ **모임 일시** 3월 21일(금) 오후 3시

▶ **만나는 장소** 인사동 '아름다운 찻집' 입구

ㄴ 도시나비 와! 꼭 참석할게요. 전에 가 본 적이 있는데 여기 좋아요. 전시 공간을 구경하고 나면 밝은 햇빛으로 환하게 빛나는 한옥의 마당도 볼 수 있는데요. 한옥 마당에 지붕이 없어서 건물 안에 있어도 하늘을 볼 수 있어요. 마당에서 탁자를 놓고 차를 마실 수 있는 것이 정말 마음에 들어요.

ㄴ 지나가는이화인 맞아요. 여기 좋은데 이번에 가다니 너무 기대돼요. 마당으로 들어오는 따뜻한 햇볕 아래에서 조용하게 차를 마시고 있으면 마음이 차분해지는 걸 느낄 수 있을 거예요.

(1) 건물 외부의 모습으로 알맞은 것을 골라 보세요. 읽기 전략

①

②

③

2. 다시 읽고 물음에 답해 보세요.

(1) 이 글에 대한 내용으로 맞지 않는 것을 골라 보세요.

① 새 학기 첫 번째 모임 시간과 만나는 장소를 알려주고 있다.

② 모임을 갖기 전에 모임 장소에 대한 정보를 미리 제공하고 있다.

③ 작년에 같은 장소에서 동아리 모임을 한 회원들의 후기를 전하고 있다.

(2) 이 글에서 소개한 건물에 대한 설명으로 알맞은 것을 골라 보세요.

① 건물 마당에서는 차를 마실 수 없다.
② 건물 안은 불빛으로 환하게 빛나고 있다.
③ 건물 안에 하늘을 볼 수 있는 곳이 있다.

(3) 이 글을 읽은 사람들의 반응으로 맞지 않는 것을 골라 보세요.

① 위칭: 가족들에게 선물할 차를 사고 싶었는데 잘됐다.

② 안나: 찻집 안을 전통적인 디자인으로 장식해 놓은 게 독특하네.

③ 쇼타: 마음이 편안해지는 곳을 찾고 있었는데 나도 한번 가 보고 싶다.

3. 1을 바탕으로 글을 써 보세요.

	향과 멋이 있는 '아름다운 찻집'
건축물 소개와 방문 목적	서울에서 옛 문화를 느끼고 싶고 해서 찾은 인사동. 이곳에 한옥의 멋을 느끼며 차를 마실 수 있는 곳이 있다는 걸 알고 한번 가 보고 싶어졌다. 그곳은 바로 '아름다운 찻집'이다.
그곳의 외부 모습	'아름다운 찻집'은 인사동의 옛 그림을 파는 가게 옆에 있었다. 고층 빌딩들 가운데 서 있는 오래된 한옥의 모습이 인상적이었다. 건물 입구에 핀 봄꽃을 보며 돌계단을 올라가면 찻집으로 들어가는 문이 나온다.
그곳에서 특별히 기억에 남는 곳과 그 장소 묘사	찻집 안은 건물 외부와는 다르게 현대적으로 장식되어 있었다. 벽에는 판매를 위해 예쁘게 포장된 다양한 차들이 가득했다. 차면 차, 잔이면 잔 모두 깔끔하게 전시되어 있었다.
그곳에서의 느낌	복잡하고 정신없는 일상에서 떠나 마음 깊이 안정감과 따뜻함을 느낄 수 있는 곳이라는 생각을 하며 그곳을 떠났다.

3 단원 변화하는 사회

어휘와 표현 ❶ 세대 차이

p.64

1. 밑줄 친 부분은 주요 어휘와 표현이에요. 관계있는 것을 골라 써 보세요.

(1) 개성이 강해요. ④

(2) 유행에 민감해요. ____

(3) 주관이 뚜렷해요. ____

(4) 주변에 무관심해요. ____

① "마테오는 자신만의 생각과 가치관을 가지고 있어요."

② "진차오는 자기 옆에서 일어나는 일에 전혀 관심이 없어요."

③ "진영은 많은 사람들이 입는 옷을 따라 입을 때가 많은 것 같아요."

④ "루이즈는 유행에 관계없이 옷을 입어요. 머리 스타일도 독특하고요."

2. 1의 밑줄 친 표현을 사용해 대화를 완성해 보세요.

요즘 젊은 세대는 어떤 패션이 인기를 끌면 바로 따라 하면서 (1) 유행에 민감한 모습을 보이는 것 같다. 반면에 특별한 패션으로 자신을 표현하고 싶어 하는 사람들도 있다. 이렇게 (2) ____________ 사람들은 남들과 다른 옷차림을 좋아한다. 또한 (3) ____________ 자기 일이 아닌 것은 크게 궁금해하지 않는다. 그리고 이들은 다른 사람의 말에 흔들리지 않고 (4) ____________ 모습을 보이기도 한다.

3. 알맞은 것을 골라 대화를 완성해 보세요.

선입견을 가지다	소외감을 느끼다	세대 차이가 나다	의견 차이를 극복하다

(1) A 한국 사람은 모두 매운 음식을 잘 먹겠지?
B 아니. 처음엔 나도 그런 선입견을 가졌었는데 못 먹는 사람도 많았어.

(2) A 부장님은 언제 신입 사원과 ____________ 것을 느끼세요?
B 저는 가끔 신입 사원들이 사용하는 단어나 표현을 이해하지 못할 때 그런 것 같아요.

(3) A 사람마다 생각이 다른데요. 서로의 ____________ 위해서 어떻게 해야 될까요?
B 상대방의 이야기도 잘 들어 주고 자신의 생각을 상대방에게 잘 말하면 좋겠습니다.

(4) A 얼마 전에 친구들을 만났는데 두 친구가 나만 모르는 이야기를 해서 ____________.
B 정말? 좀 섭섭했겠다. 그냥 친구들에게 무슨 이야기인지 물어보지 그랬어.

1. 알맞은 것을 골라 대화를 완성해 보세요.

능력을 중시하다	출생률이 떨어지다	평생직장이 사라지다

A 앞으로의 사회는 어떻게 달라질까요?

(1) B 아이를 낳지 않는 사람들이 많아질 것 같아요. 그래서 점점 더 출생률이 떨어질 수도 있어요.

(2) B 대학교나 대학원을 졸업했는지보다 실제로 얼마나 일을 잘할 수 있는지를 더 중요하게 생각해서 학력보다 ____________ 될 것 같아요.

(3) B 요즘은 20대에 입사해서 60대에 그만둘 때까지 한 회사에서 일하는 사람이 거의 없어요. 중간에 회사를 옮기는 사람이 많아져서 ____________ 거예요.

2. 밑줄 친 부분은 주요 어휘와 표현이에요. 관계있는 것을 연결해 보세요.

(1) 결혼을 늦췄어요. •

(2) 개인주의적 성향이 강해요. •

(3) 이직하는 사람이 많아졌어요. •

• ① "더 좋은 기회를 잡기 위해서 다른 회사로 옮기는 사람들이 늘었어요."

• ② "요즘 신입 사원들은 팀 일정보다 자신들의 시간을 더 중요하게 생각해요."

• ③ "올해 겨울에 결혼하기로 했다가 일이 생겨서 결혼을 내년 봄으로 미뤘어요."

3. 2의 밑줄 친 표현을 사용해 글을 완성해 보세요.

여러분, 오늘날 사회는 30년 전과 어떻게 달라졌을까요? 젊은 세대는 가정을 이루는 것보다 자신의 능력을 개발하는 것에 관심을 더 가지면서 (1) 결혼을 늦추고 있다고 합니다. 그리고 개인의 가치를 중요하게 생각하는 (2) ____________ 자기를 중심으로 생각하는 경향도 나타나고 있습니다. 또한 지금보다 더 좋은 조건과 더 나은 일자리를 찾기 위해 원래 일하던 직장을 그만두고 (3) ____________ 있습니다. 이러한 변화는 앞으로도 더 지속될 것으로 보이며 미래의 사회는 또 다르게 모습이 바뀔 것으로 예측됩니다.

문법 ① A/V-(으)ㄹ수록

pp.65~66

1. 관계있는 것을 연결하고 문장을 완성해 보세요.

(1) 채소를 많이 먹다 •	• ① 점점 더 커지다
(2) 서로 잘 알고 가까운 사이이다 •	• ② 건강에 도움이 되다
(3) 어떤 일에 대한 기대가 크다 •	• ③ 말과 행동을 조심해야 하다
(4) 여행을 갈 때는 가방이 가볍다 •	• ④ 이동하거나 구경하기가 쉽다
(5) 기쁜 일이 있을 때 그 기쁨은 나누다 •	• ⑤ 일이 잘못됐을 때 실망도 크다

(1) 채소를 많이 먹을수록 건강에 도움이 된다.

(2) 서로 잘 알고 가까운 ______________________.

(3) 어떤 일에 대한 기대가 ______________________.

(4) 여행을 갈 때는 가방이 ______________________.

(5) 기쁜 일이 있을 때 그 기쁨은 ______________________.

2. 알맞은 것을 골라 대화를 완성해 보세요.

듣다	급하다	미루다	사람이다

(1) A 이 노래는 들으면 들을수록 더 좋은 것 같아요.
B 그렇죠? 그래서 저도 요즘 계속 그 노래만 듣고 있어요.

(2) A 해야 할 일이 너무 많은데 힘들어서 아무것도 하고 싶지 않네요.
B 일을 미루면 __________ 더 하기 싫을 테니까 지금 바로 시작하세요.

(3) A 대학교 입학 지원 서류를 제출해야 하는데 날짜가 며칠 안 남았어요. 빨리 준비해야겠어요.
B 네. 그런데 __________ 천천히 하라는 말도 있잖아요. 꼼꼼하게 잘 준비하세요.

(4) A 엘렌 씨는 항상 제 이야기를 잘 들어 줘서 이야기할 때마다 마음이 편안해져요.
B 그렇죠? 다른 사람의 말을 잘 들어 주는 __________ 남의 이야기에 공감을 잘한다고 하는데 엘렌 씨가 그런 사람 같아요.

문법 ❷ A/V-더니

1. 그림을 보고 대화를 완성해 보세요.

(1)

A 올여름에는 비가 별로 오지 않네요.

B 그러게요. 작년 여름에는 비가 그렇게 많이 ___오더니___ 올여름은 무더위만 계속되네요.

(2)

A 안나가 처음 한국에 왔을 때는 한글을 하나도 __________ 지금은 잘하죠?

B 네. 정말 한국어가 많이 는 것 같아요.

(3)

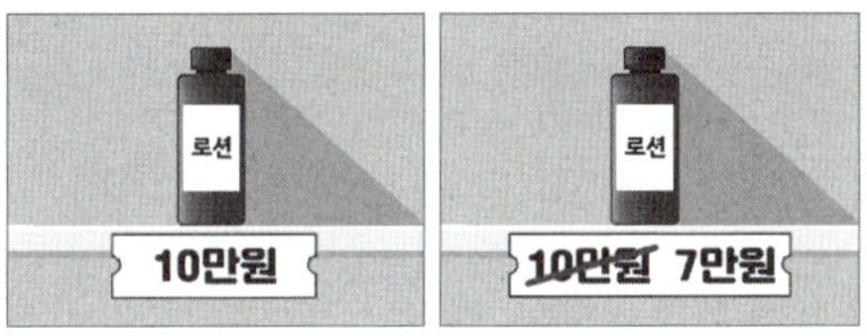

A 엘렌 씨, 이 화장품 가격이 저렴해졌어요.

B 그러네요. 지난주에는 화장품 가격이 __________ 오늘은 할인해서 7만 원으로 내렸네요.

(4)

A 올리버 씨가 오늘은 좀 여유 있어 보이네요.

B 네. 지난달에는 출장 준비 때문에 많이 __________ 출장을 다녀온 후에는 좀 한가한 것 같네요.

2. 알맞은 것을 골라 글을 완성해 보세요.

듣다	보다	누르다	다가가다

A 어제 드라마 〈사랑과 우정〉이 마지막 회였죠? 저는 못 봤는데 두 남녀 주인공이 어떻게 됐어요?

B 남자 주인공인 정민이 버스를 타고 집에 가고 있었거든요. 그런데 정민이 밖을 보니까 여자 주인공인 소라가 걸어가고 있었어요. 그때 정민이 벨을 (1) ___누르더니___ 버스에서 내려서 소라에게 뛰어갔어요. 소라는 갑자기 자기 앞에 나타난 정민을 (2) __________ 깜짝 놀랐어요. 정민은 소라에게 가까이 (3) __________ 좋아한다고 고백했어요. 소라는 그 이야기를 (4) __________ 갑자기 눈물을 흘렸어요. 그 모습을 본 정민은 소라를 안아 줬어요.

문법 ③ A/V-(으)ㄴ/는 대로

pp.70~71

1. 알맞은 것을 골라 ◯표 해 보세요.

(1) A 어제 학교 앞에서 일어난 교통사고를 목격하셨다고 들었습니다.

B 네. 맞습니다. 제가 (본 대로, 보는 대로) 자세히 말씀드리겠습니다.

(2) A 여러분, 지금부터 받아쓰기를 할 거예요. 제가 (부른 대로, 부르는 대로) 써 보세요.

B 네. 선생님. 알겠습니다.

(3) A 조슈아, 수업 후에 뭐 할까?

B 어제는 내가 보고 싶은 영화를 봤잖아. 그러니까 오늘은 네가 (원한 대로, 원하는 대로) 해.

(4) A 여보세요. 다샤 씨, 제가 오늘 급한 일이 생겨서 학교에 못 갔는데 중요한 안내가 있었어요?

B 네. 선생님께서 시험에 대해 말씀해 주셨어요. 제가 (들은 대로, 듣는 대로) 이야기해 줄게요.

(5) A 방학에 경주에 다녀왔다면서? 여행은 어땠어?

B 정말 재미있었어. 유나가 미리 (추천해 준 대로, 추천해 주는 대로) 여행을 다녔는데 한국의 역사도 알 수 있었고 많은 곳을 구경할 수 있어서 좋았어.

2. 알맞은 것을 골라 대화를 완성해 보세요.

말	방식	순서	예정

(1) A 내가 추천한 카페에 가 봤어?

B 응. 정말 네 말대로 커피도 맛있고 카페 분위기도 정말 좋았어.

(2) A 쇼타는 공책에 내용을 정리하는 방법이 좀 특별한 것 같아.

B 그렇지? 뭔가 쇼타만이 가지고 있는 ________ 내용을 정리하는 것 같아.

(3) A 오후에 비가 온다고 하는데 야구 경기가 취소될까?

B 글쎄. 비 오는 게 경기에 방해가 되지 않을 정도면 ________ 야구 경기는 진행될 거야.

(4) A 벌써 30분이나 기다렸는데요. 얼마나 더 기다려야 할까요?

B 손님, 죄송합니다. 은행 입구에서 뽑으신 번호표의 ________ 진행하고 있으니까 조금만 더 기다려 주세요.

문법 ❹ N(이)란

pp.77~78

1. 관계있는 것을 연결하고 문장을 완성해 보세요.

(1) 돈 • ······ • ① 있으면 살기 편하고 없으면 불편한 것이다

(2) 집 • • ② 소중해서 어떤 일도 다 해 줄 수 있는 존재다

(3) 시험 • • ③ 지금 자신의 실력을 알 수 있게 해 주는 도구다

(4) 아이 • • ④ 하던 일을 멈추고 자신을 충전할 수 있는 시간이다

(5) 휴가 • • ⑤ 안전하고 편안한 곳이며 가족과 함께 많은 이야기를 만들어 갈 수 있는 장소다

(1) 나에게 돈이란 있으면 살기 편하고 없으면 불편한 것이다.

(2) 사람에게 ______________________________.

(3) 학생에게 ______________________________.

(4) 부모에게 ______________________________.

(5) 직장인에게 ______________________________.

2. 알맞은 것을 골라 대화를 완성해 보세요.

김치	수업	역사	직업

(1) A 역사란 뭐라고 생각하십니까?

B 글쎄요. 시간이 지나면서 사회가 변화해 온 과정이라고 생각합니다.

(2) A 한국 사람에게 __________ 단순한 음식이 아니라 좀 더 특별한 의미가 있는 것 같아요.

B 네. 저에게는 어머니를 생각나게 하는 음식인 것 같아요.

(3) A 마지막 질문입니다. 교수님이 생각하시는 좋은 __________ 무엇입니까?

B 글쎄요. 어려운 질문이네요. 모든 학생이 재미있게 공부할 수 있는 환경을 만들어 주는 게 아닐까요?

(4) A 앞으로 어떤 일을 하면서 어떻게 살아야 될지 잘 모르겠습니다.

B 너무 어렵게 생각하지 마세요. __________ 삶의 목적이 아니라 행복하게 살기 위한 수단일 뿐입니다.

더 알아보기 N에 따르면

p.83

1. 알맞은 것을 골라 대화를 완성해 보세요.

결과	의견	자료	일기 예보

(1) A 어제부터 아주 많은 비가 내렸는데요. 내일은 어떨까요?

B 일기 예보에 따르면 내일은 오늘보다 더 많은 비가 내릴 거라고 합니다.

(2) A 김 기자, 서울 집값이 계속 오르고 있다고 하죠?

B 네. 전문가의 ______________ 한동안 집값이 계속 오를 전망이라고 합니다.

(3) A 요즘에는 설날에 해외여행을 가는 사람들이 많아진 것 같습니다.

B 네. 인천 공항에서 발표한 ______________ 이번 설날에 3만 명이 해외여행을 떠났다고 합니다.

(4) A 그럼 마테오 씨, 준비한 것을 이야기해 볼까요?

B 네. 저는 외국인 친구들에게 한국에 오면 하고 싶은 일이 무엇인지에 대해 설문 조사를 했습니다. 설문 조사 ______________ 제일 하고 싶은 일은 한국 음식을 먹는 거라고 했습니다.

종합 연습

1. 알맞은 것을 골라 글을 완성해 보세요.

-더니	(이)란	-(으)ㄹ수록	-(으)ㄴ/는 대로

고민 상담 게시판 > 글쓰기

제 여자 친구의 마음을 잘 모르겠어요.

작성자 ewlove 조회 106

안녕하세요? 실은 고민이 있어서 글을 남깁니다. 제 여자 친구와 만난 지 3개월 정도 됐는데 요즘 여자 친구와 사이가 멀어진 것 같은 느낌이 듭니다. 한 달 전에는 매일 세 번씩 (1) 전화하더니 (전화하다) 지금은 전화해도 통화하기가 어렵습니다. 시간이 (2) ______________ (지나다) 여자 친구와 만나는 날도 점점 적어지고 있습니다. 처음에는 어떤 일을 해도 제가 (3) ______________ (하자고 하다) 다 했는데 지금은 제가 뭘 같이 하자고 해도 다 싫다고 말합니다. 도대체 (4) ______________ (사랑) 무엇일까요? 어떻게 이렇게 빨리 사랑이 변할 수 있을까요? 제가 어떻게 해야 되는지 좀 알려 주세요.

듣고 쓰기

1. 진차오와 진영의 대화예요. 듣고 물음에 답해 보세요.

5

(1) 들은 내용으로 알맞은 것을 골라 보세요.

① 진영의 부모님은 진영이 원하는 일을 하기를 바라세요.

② 진영은 영화 동아리에서 찍은 여러 작품에서 주인공을 맡았어요.

③ 진차오는 진영에게 시간을 갖고 천천히 부모님을 설득해 보라고 했어요.

(2) 다시 듣고 진영이 부모님께 보내는 편지를 써 보세요.

부모님께

아버지, 어머니. 저 진영이에요. 제 생각을 정확하게 말씀드리고 싶어서 이렇게 편지를 써요. 영화 동아리 활동을 하면서 영화를 찍는 게 너무 즐거웠고 보람도 느꼈어요. 여러 개의 ① ________________ 연출을 더 공부하고 싶다는 생각이 들었어요. 또 영화제에 낸 제 작품을 ② ________________ 제대로 공부해 보라고 하셨고요. 정말 열심히 할게요. 저를 한번 믿어 주세요.

진영 올림

2. 다샤와 상우의 대화예요. 듣고 물음에 답해 보세요.

6

(1) 들은 내용으로 알맞은 것을 골라 보세요.

① 상우는 필름 카메라로 주로 친구들의 얼굴을 찍어요.

② 상우한테서 필름 카메라를 빌린 친구도 나중에 필름 카메라를 샀어요.

③ 다샤는 상우에게 필름 카메라와 사진에 대한 이야기를 듣고 흥미를 못 느꼈어요.

(2) 다시 듣고 들은 내용을 써 보세요.

다샤와 상우가 사진을 보고 이야기하고 있다. 상우는 필름 카메라로 찍은 사진에서만 느낄 수 있는 ① ________________ 필름 카메라로 사진 찍는 것을 좋아한다. 다샤는 필름 카메라로 사진을 찍으면 ② ________________ 바로 확인할 수 없다고 했다. 하지만 상우는 사진이 나올 때까지 ③ ________________ 했다. 상우는 필름 카메라를 사용하면 사용할수록 매력이 느껴진다며 다샤에게 추천했다.

말하기

1. 다음을 읽고 ⓐ, ⓑ에 들어갈 말로 알맞은 것을 골라 보세요.

> 안녕하세요? 여러분, 사회가 변화하면서 사람들의 사회적 인식이 달라진 직업에는 어떤 것들이 있을까요? 그런 직업이 많이 있겠지만 오늘 소개할 직업은 바로 플로리스트입니다. 예전에 플로리스트는 주로 손님이 주문하는 대로 꽃을 포장해서 판매했습니다. 그래서 사람들은 플로리스트를 ____ⓐ____ 생각했습니다. 그렇지만 지금은 플로리스트의 의미가 넓어졌습니다. 점점 시간이 지날수록 사람들이 공간의 분위기에 관심을 갖게 되면서 꽃으로 공간을 장식하는 것도 중요하게 생각되었습니다. 그래서 플로리스트를 꽃으로 ____ⓑ____. 이상은 저희 팀의 발표였습니다. 감사합니다.

① ⓐ 꽃을 파는 사람 정도로 ⓑ 공간을 디자인하는 전문가로 보는 인식도 더해졌습니다

② ⓐ 꽃을 판매하는 사람으로 ⓑ 자신의 기분을 표현해서 사람들에게 보여 준다고 생각했습니다

③ ⓐ 꽃을 좋아하는 사람이라고 ⓑ 색다르게 공간의 분위기를 연출하는 전문가로 보기 시작했습니다

2. 다음 물음에 답해 보세요.

(1) 상대방의 말을 듣고 상대방과 의견이 다름을 표현하는 말로 알맞은 것을 골라 보세요. 말하기 기능

> A 아르바이트를 하면서 앞으로 어떤 직업을 가질지 천천히 생각하면 되죠.
> B ________________.

① 아니요. 저는 아르바이트를 해 본 적이 없어서 그 일에 대해 잘 모르거든요

② 그렇군요. 그래도 일하다가 모르는 게 있으면 언제든지 저에게 꼭 물어보세요

③ 그건 아닌 것 같아요. 어떤 직장에 가는 게 좋은지 미리 생각하고 준비해야 된다고 봐요

(2) 의미 있는 삶이란 무엇인지 표현하는 말로 알맞은 것을 골라 보세요. 말하기 기능

> A 도대체 의미 있는 삶을 산다는 게 뭘까요?
> B ________________.

① 저는 아직까지 의미 있는 삶에 대해 생각해 본 적이 없어요

② 생각해 보면 의미 있는 삶을 사는 건 정말 쉽지 않은 것 같아요

③ 제가 생각하는 의미 있는 삶은 제가 하는 일에 보람을 느끼며 사는 거예요

(3) 친구에게 동생에 대한 불만과 상황을 말하며 성공적인 삶에 대해 자신의 생각을 말하는 대화를 완성해 보세요. 그리고 말해 보세요.

자신이 일하는 분야에서 성공하기 위해 건강은 돌보지 않고 일만 하는 동생에 대한 불만과 상황을 이야기하세요.

조슈아의 동생에 대해 궁금한 것을 질문하고 자신의 의견을 말하세요. 그리고 성공적인 삶이 뭐라고 생각하는지 말해 보세요.

1

이야기를 듣고 이유 묻기

무슨 일 | 있다 + 천천히 말하다

조슈아 엘렌 씨, 제 동생은 왜 그러는지 모르겠어요. 정말 동생이 이해가 안 돼요.

엘렌 조슈아 씨, ① ______________________________
______________________________.

2

동생의 상황을 전달하기

요즘 계속 잠 | 안 자다 + 일 | 하다

조슈아 동생이 사업을 하는데요. ② ______________________________
______________________________.

엘렌 정말요? 동생은 왜 그렇게 하고 있대요?

조슈아 자신이 일하는 분야에서 성공하고 싶대요. 그래서 지금은 모든 걸 일하는 데에 쏟고 싶대요.

3

상대방의 말을 듣고 상대방과 의견이 다름을 말하기

나 | 좀 생각 | 다르다
그렇게 일 | 하는 것 | 아니다

엘렌 아직 젊으니까 그럴 수 있죠.

조슈아 ③ ______________________________.
______________________________.
인생에는 성공 말고도 더 소중한 게 많잖아요.

4

성공적인 삶에 대해 자신의 생각 말하기

성공적인 삶 | 일 | 삶 | 균형 | 맞추다 + 사는 거라고 생각하다

엘렌 그런데 저도 가끔 성공적인 삶이 뭔지 고민하게 돼요. 도대체 성공적인 삶은 뭘까요?

조슈아 ④ ______________________________
______________________________.

엘렌 그 말도 일리가 있네요. 그래도 자신이 일하는 분야에서 성공하고 싶다는 동생이 대단하네요.

읽고 쓰기

1. 다음을 읽고 물음에 답해 보세요.

지금 나와는 다른, 젊은 시절 직장인 아버지의 모습

4월 6일 일요일

오랜만에 부모님과 시간을 보내려고 아침 일찍 부모님 댁에 갔지만 두 분 모두 외출 중이셨다. 소파에 앉아서 쉬다가 책장에 꽂혀 있는 공책들이 보여 꺼내 봤는데 그것은 바로 아버지의 일기장이었다. 거기에는 20대 때 아버지의 직장 생활 이야기가 적혀 있었고 나는 젊은 시절 아버지의 모습과 생각을 알고 싶어서 일기를 읽었다.

그때 아버지가 일하신 방식은 요즘 내가 일하는 모습과는 많이 달랐다. 일기장 속 아버지는 매일 회사 안에서 모든 업무를 해결하셨다. 사무실에서 컴퓨터를 이용하기 쉽지 않았고 인터넷 환경도 좋지 못했다. (ⓐ) 그러나 요즘은 기술의 발전으로 어디에서나 일할 수 있는 환경이 만들어졌다. 인터넷이 발전하면서 업무 장소에 변화가 일어난 것이다. 우리 회사는 일주일에 한 번 회사에서 근무하지 않아도 되기 때문에 나는 집이나 카페에서 일할 때도 있다. (ⓑ)

또한 지금은 자신이 원하는 시간을 선택해서 더 효과적으로 일하게 하는 회사도 있다. 하지만 그때는 근무 시간이 정해져 있어서 꼭 그 시간에 출근해야 됐다. 매일 새벽 출근길에 피곤하셨다는 일기 내용을 읽으니 아버지가 더욱 대단해 보였다. (ⓒ)

아버지의 일기를 읽으며 아버지가 어떤 상황에서도 최선을 다하신 것이 느껴졌다. 사람들에게 필요한 업무 환경이란 사람들이 효과적으로 일할 수 있도록 준비된 환경이라고 항상 말하던 내 모습이 조금은 창피했다. 이런 업무 환경도 중요하지만 일을 대하는 내 마음이 더 중요하다는 것을 알게 됐다.

(1) 글의 제목을 읽고 내용을 알맞게 추측한 사람을 골라 보세요. 읽기 전략

① 쇼타: 젊은 시절의 아버지와 지금 20대가 가진 생각이 같았을 것 같아.

② 엘렌: 20대 때 직장인 아버지의 모습이 지금 자신의 모습과 달라서 놀랐을 것 같아.

③ 마테오: 젊었을 때의 아버지가 앞으로 미래의 회사가 어떻게 달라질지 예측했을 것 같아.

2. 다시 읽고 물음에 답해 보세요.

(1) 다음 문장이 들어갈 곳으로 알맞은 것을 골라 보세요.

> 그곳에서 업무를 볼 수 있을 뿐만 아니라 회의도 할 수 있다.

① ⓐ　　② ⓑ　　③ ⓒ

(2) 나에 대한 내용으로 알맞은 것을 골라 보세요.

① 부모님과 상의할 일이 있어서 부모님 댁을 방문했다.

② 요즘 아버지의 회사 생활을 알고 싶어서 아버지의 일기를 읽었다.

③ 젊은 시절의 아버지의 모습을 생각하니 지금 자신의 모습이 창피했다.

(3) 아버지에 대한 내용으로 알맞은 것을 골라 보세요.

① 아침에 나와 만나자마자 갑자기 급한 일이 생겨서 나가셨다.

② 20대 때 건강이 좋지 않고 피곤하셔서 출근을 자주 못 하셨다.

③ 젊었을 때 어떤 상황이 생겨도 자신이 맡은 일에 최선을 다하셨다.

3. 1을 바탕으로 글을 써 보세요.

업무 환경이 변한 원인은 무엇일까?

[업무 환경 변화 현상의 예]

옛날과 다르게 시대가 변하면서 업무 환경도 달라졌다. 일하는 장소가 다양해지고 근무 시간도 자유로워졌다. 즉 업무 공간과 시간이 변화한 것이다. 그러면 업무 환경이 달라진 원인은 무엇일까?

[업무 환경 변화가 일어난 원인 1]

____

이는 자신이 일하고 싶은 곳에서 일할 수 있다는 것을 의미한다. 다시 말해 사람들을 회사뿐만 아니라 집에서 업무를 하거나 회의도 할 수 있게 되었다.

[업무 환경 변화가 일어난 원인 2]

또한 효과적으로 일할 수 있는 시간에 대한 생각도 변했다. 사람들은 각자가 집중할 수 있는 시간이 다르다. __________ 이렇게 사람들은 삶과 일에 균형을 맞출 수 있었고 자신의 업무에 만족하게 되면서 일에서 더 좋은 결과를 보이게 되었다.

[업무 환경 변화 현상에 대한 전망]

__________ 그런 환경에는 업무 공간과 시간도 있으며 이 또한 계속 변화하고 있다. 이렇게 계속 업무 환경이 바뀌었듯이 시간이 지날수록 지금과는 또 다른 새로운 업무 환경도 등장할 것이다.

4 단원 인터넷과 생활

어휘와 표현 ① 인터넷 사용

p.86

1. 밑줄 친 부분은 주요 어휘와 표현이에요. 의미로 알맞은 것을 연결해 보세요.

(1) 정보를 공유해요. •　　　　• ① 인터넷에 있는 글이나 사진, 영상 등을 받아서 컴퓨터에 저장해요.

(2) 파일을 다운로드해요. •　　　　• ② 어떤 정보를 누가 썼는지, 그 정보가 어디에서 나왔는지 알아봐요.

(3) 정보 출처를 확인해요. •　　　　• ③ 자신이 알고 있는 사실이나 자료 등을 다른 사람과 같이 가지고 있거나 이용해요.

2. 1의 밑줄 친 표현을 사용해 글을 완성해 보세요.

인터넷 게시판 이용 안내

▶ 이 게시판은 학교생활에 도움이 되는 (1) 정보를 공유하기 위해 만든 것입니다.

▶ 글이나 사진, 영상을 올릴 때는 그 정보가 믿을 수 있는 사람이 작성한 것인지, 그것이 처음 올라온 인터넷 사이트는 어디인지 (2) ________ 후에 올려 주세요.

▶ 게시판에 올라온 파일에 바이러스가 있을 수 있습니다. 사진이나 영상 등을 컴퓨터에 저장하고 싶으면 (3) ________ 전에 바이러스 검사를 꼭 하시기 바랍니다.

3. 알맞은 것을 골라 대화를 완성해 보세요.

게시물을 올리다	인터넷에 접속하다	와이파이(WiFi)가 잡히다

루이즈　위칭, 블루진스 소식 봤어? 블루진스가 오랜만에 소셜 미디어(social media)에 (1) 게시물을 올렸어.

위칭　그래? 어, 그런데 지금 소셜 미디어에 안 들어가지네. 휴대 전화에 무슨 문제가 있는지 (2) ________ 수가 없어.

루이즈　휴대 전화 문제가 아니라 인터넷 문제일 수도 있어. 한번 (3) ________ 확인해 봐.

 p.98

1. 알맞은 것을 골라 글을 완성해 보세요.

싸게 내놓다	사용 후기를 보다	중고 거래를 하다	팔 물건을 등록하다

Q. 혹시 앱으로 다른 사람이 쓰던 물건을 사거나 자신이 사용하던 물건을 팔아 본 적이 있으세요? 제가 앱으로 다른 사람과 (1) 중고 거래를 하는 게 처음인데요. 어떻게 하면 거래를 잘할 수 있을까요?

ㄴ buy** 물건을 팔 때는 물건의 정보를 자세하게 써야 돼요. 앱에 (2) ______ 때 사진도 여러 장 올리고 구매 시기, 물건 상태 등을 솔직하게 쓰세요.

ㄴ good** 물건을 살 때 물건의 가격이 너무 싸면 일단 의심해 보는 게 좋아요. 판매하는 사람이 너무 (3) ______ 물건은 문제가 있을 가능성이 크니까요.

ㄴ wise** 물건을 팔 때 어떤 정보를 올려야 할지 잘 모르겠으면 그 물건을 직접 써 본 사람들이 인터넷에 올린 (4) ______. 그러면 사람들이 어떤 정보를 원하는지 알 수 있을 거예요.

2. 밑줄 친 부분은 주요 어휘와 표현이에요. 관계있는 것을 연결해 보세요.

(1) 싫증이 나요. •
(2) 흠이 있어요. •
(3) 공짜나 다름없어요. •
(4) 새것같이 멀쩡해요. •

• ① "그 사과는 찍히거나 상한 곳이 조금 있어요."
• ② "중고 거래 앱에서 티셔츠를 1,000원밖에 안 주고 샀어요."
• ③ "3년 된 가죽 의자인데 벗겨진 곳도 없고 새로 산 것처럼 깨끗해요."
• ④ "아이가 이 장난감을 한 달 내내 가지고 놀더니 이제 재미가 없는지 더 이상 가지고 놀지 않아요."

3. 2의 밑줄 친 표현을 사용해 글을 완성해 보세요.

중고품을 새것처럼 만들어 드립니다!

오래 입어서 더 이상 입고 싶지 않은 옷, 다들 있으시죠? 저희는 이렇게 (1) 싫증이 나서 안 입는 옷을 새로운 디자인의 옷으로 만들어 드립니다. 옷뿐만 아니라 오래 사용해서 여기저기 깨지고 (2) ______ 물건도 가져오세요. 방금 구입한 (3) ______ 만들어 드립니다. 가격은 걱정하지 마세요. 물건 종류에 상관없이 모든 물건을 2,000~3,000원, (4) ______ 가격으로 해 드립니다.

문법 ❶ A/V-던데

pp.87~88

1. 알맞은 것을 골라 대화를 완성해 보세요.

치다	팔다	괜찮다	매진이다

(1) A 축제 때 보니까 기타를 잘 치던데 배운 지 얼마나 됐어요?
B 고등학교 때 악기 동아리를 하면서 배우기 시작했으니까 7년쯤 됐어요.

(2) A 진영 씨, 어제 보니까 김지훈 콘서트 표가 벌써 ______________ 표를 샀어요?
B 네. 피시방에 가서 예매 사이트가 열리자마자 샀어요.

(3) A 노트북이 고장 나서 사야 되는데 뭘 사면 좋을지 모르겠어.
B 그래? 이화전자에서 새로 나온 노트북이 가볍고 ______________ 그걸로 한번 알아봐.

(4) A 집에 휴지랑 비누가 떨어져서 오늘은 마트에 좀 가야겠어.
B 요즘 인터넷 쇼핑몰에서 할인 행사를 해서 싸게 ______________ 인터넷으로 사는 게 어때?

2. 알맞은 것을 골라 대화를 완성해 보세요.

가다	많다	맛있다	행사 기간이다

안나 루이즈, 우리 반 모임을 어디에서 하면 좋을까?
루이즈 학교 앞에 있는 이화치킨 어때?
안나 아, 이화치킨! 요즘 친구들이 많이 (1) 가던데 나는 아직 못 가 봤어.
루이즈 나도 지난주에 처음 갔어. 치킨이 정말 (2) ______________ 거기에서 하자.
안나 그래. 그런데 지나갈 때 보니까 거기는 항상 사람이 (3) ______________ 예약을 해야겠지?
루이즈 응. 그게 좋을 것 같아. 그런데 반 모임은 언제 할 거야? 이번 달까지 (4) ______________ 행사 끝나기 전에 가자. 평일에 가면 20% 할인해 주거든.
안나 그럼 빨리 반 모임 날짜를 잡아 보자.

문법 ❷ V-는 바람에

pp.89~90

1. 그림을 보고 대화를 완성해 보세요.

(1) 

A 이거 좀 단 것 같지 않아?

B 아, 사실은 내가 실수로 소금 대신에 설탕을 넣는 바람에 좀 달아졌어.

(2) 

A 엘렌 씨, 왜 학생증을 다시 만들었어요?

B 얼마 전에 지갑을 ________________ 거기 들어 있던 학생증도 없어졌거든요.

(3) 

A 여보세요. 진차오, 여행은 잘 하고 있어? 오늘 바닷가에 간다고 했었지?

B 응. 그런데 못 갔어. 갑자기 비가 ________________ 바닷가에 갈 수가 없어서 지금 숙소에서 쉬고 있어.

(4) 

A 여보세요. 안나, 어디야? 약속 시간이 지났는데 네가 안 와서 전화했어.

B 미안. 버스에서 ________________ 내려야 하는 정류장을 지나서 내리고 말았어. 돌아가고 있으니까 조금만 기다려 줘.

2. 알맞은 것을 골라 ○표 해 보세요.

(1) A 다샤, 위칭하고 무슨 일이 있었어? 왜 서로 얘기를 안 해?

B 내가 어제 약속을 (어기느라고, 어기는 바람에) 위칭이 화가 좀 났거든.

(2) A 어제 동아리에 왜 안 왔어요?

B 병원 예약이 되어 있어서 병원에 (가느라고, 가는 바람에) 못 갔어요.

(3) A 부장님, 10분 후면 도착할 것 같습니다.

B 세 시간이나 걸렸네요. 올리버 씨, (운전하느라, 운전하는 바람에) 수고하셨습니다.

(4) A 쇼타 씨, 주말에 한강에 자전거를 타러 간다고 했었죠? 재미있었어요?

B 자전거 못 탔어요. 갑자기 허리를 (다치느라, 다치는 바람에) 주말 내내 누워 있었거든요.

(5) A 친구가 보낸 소포는 왔어요? 늦어지는 것을 보니 문제가 생긴 것 같은데 한번 확인해 봐요.

B 안 그래도 확인해 봤는데 친구가 제 주소를 잘못 (적느라고, 적는 바람에) 다른 사람한테 갔대요.

문법 ③ A/V-(ㄴ/는)다면

1. 관계있는 것을 연결하고 문장을 완성해 보세요.

(1) 내가 학교 선생님이다 •　　• ① 건강에 문제가 생기다
(2) 한 달 동안 라면만 먹다 •　　• ② 시험 문제를 쉽게 내다
(3) 인터넷이 없는 곳에서 살다 •　　• ③ 다른 나라의 소식을 지금 알 수 없다
(4) 문제를 혼자 해결하기 어렵다 •　　• ④ 다음 주 복권 1등 당첨 번호를 보고 오다
(5) 미래로 시간 여행을 다녀올 수 있다 •　　• ⑤ 전문가의 도움을 받는 것도 좋은 방법이다

(1) 내가 학교 선생님이라면 시험 문제를 쉽게 낼 것이다.

(2) 한 달 동안 라면만 ______________________.

(3) 인터넷이 없는 곳에서 ______________________.

(4) 문제를 혼자 해결하기 ______________________.

(5) 미래로 시간 여행을 ______________________.

2. 알맞은 것을 골라 글을 완성해 보세요.

남다	고민이다	떨어지다	참가하고 싶다

최상우 씨께

최상우 씨를 흥미로운 게임에 초대합니다. 234명이 모이면 게임이 시작됩니다. 전부 열 가지 게임을 하게 되며 최상우 씨가 게임에서 가장 마지막까지 (1) 남는다면 234억 원을 받게 됩니다. 그렇지만 게임에 져서 중간에 (2) ______________ 돈을 받지 못하고 그대로 집에 가야 합니다. 게임에 (3) ______________ 인터넷 사이트를 통해 지원하면 됩니다. 게임에 참가할지 말지 (4) ______________ 하루의 시간을 더 드리겠습니다. 자리가 얼마 남지 않았습니다. 게임에 참가하시겠습니까?

문법 ❹ V-다시피 하다

pp.99~100

1. 알맞은 것을 골라 대화를 완성해 보세요.

뛰다	살다	있다	만나다

(1) A 진영 씨, 다샤하고 친한 것 같던데요.

B 네. 마음이 잘 맞고 정말 친해요. 그래서 거의 매일 만나다시피 해요.

(2) A 올리버 씨, 출장은 잘 다녀왔어요?

B 네. 그런데 시간이 부족해서 나중에는 거의 ____________ 다녔어요.

(3) A 조슈아 씨는 주말에 보통 뭐 해요?

B 평일에 일 때문에 피곤해서 주말에는 하루 종일 집에만 ____________.

(4) A 동생이 유명한 마라톤 선수라면서요? 어렸을 때부터 운동을 잘했어요?

B 아니요. 운동을 잘하기는요. 어렸을 때는 자주 아파서 병원에서 ____________.

2. 알맞은 것을 골라 대화를 완성해 보세요.

듣다	보다	알다	말씀드리다

A 화면에서 (1) 보시다시피 현재 일본에서 발생한 태풍이 한국으로 가까이 오고 있습니다. 내일이면 제주도부터 태풍의 영향을 받겠습니다. 피해가 없도록 주의하시기 바랍니다.

B 네. 주의할 필요가 있겠네요. 시청자 여러분도 최서윤 기자의 이야기를 (2) ____________ 내일부터 태풍이 한국에 영향을 미치겠습니다. 이번 태풍은 규모가 커서 피해도 클 것으로 예상됩니다. 여러분도 잘 (3) ____________ 태풍의 피해를 줄이기 위해서는 준비가 필요하죠. 앞에서 최 기자가 (4) ____________ 피해가 없도록 다시 한번 주의를 부탁드립니다.

⊕ 더 알아보기 V-(으)ㄴ 결과

p.97

1. 다음을 보고 글을 완성해 보세요.

☑ 건강을 위한 생활 습관

- ☐ 채소와 과일 많이 먹기
- ☐ 30분 이상 걷기
- ☐ 비누로 손 자주 씻기
- ☐ 긍정적으로 생각하려고 노력하기

지금부터 제가 지난 3개월 동안 건강을 위해 지켜 온 생활 습관을 말씀드리겠습니다. 바쁜 생활과 업무 스트레스 때문에 건강이 나빠졌다고 느낀 저는 몇 가지 생활 규칙을 정하고 꾸준히 실천했습니다. 먼저 채소와 과일을 많이 (1) 먹은 결과 몸이 가벼워지는 것을 느꼈습니다. 그리고 공원에서 매일 30분 이상 (2) ________ 다리에 근육이 늘어서 걷는 것이 더 이상 힘들지 않게 되었습니다. 전에는 감기에도 잘 걸렸는데 비누로 손을 자주 (3) ________ 지금까지 감기에 걸리지 않고 지내고 있습니다. 무엇보다 모든 일을 긍정적으로 생각하려고 (4) ________ 스트레스를 덜 받게 되어 몸뿐만 아니라 마음까지도 건강해진 것 같습니다. 이상으로 제 발표를 마치겠습니다. 들어 주셔서 감사합니다.

종합 연습

1. 알맞은 것을 골라 대화를 완성해 보세요.

-던데	-는 바람에	-(ㄴ/는)다면	-다시피 하다

마테오 루이즈! 너 어제 전화를 계속 (1) 안 받던데 (안 받다) 무슨 일 있었어?

루이즈 아, 어제 휴대 전화가 갑자기 (2) ________ (고장 나다) 연락을 못 받았어. 오늘 수리하러 가려고.

마테오 그랬구나. 그렇지 않아도 휴대 전화를 하루 종일 손에 (3) ________ (들고 있다) 애가 이상하다 했다. 게임도 못 하고 영상도 못 봐서 심심했겠네.

루이즈 응. 당연히 심심하고 답답했지. 그런데 전화가 안 되니까 나중에는 너무 불안했어.

마테오 불안하기까지 했어? 너는 진짜 휴대 전화가 이 세상에서 (4) ________ (사라지다) 못 살겠구나.

루이즈 응. 나는 휴대 전화가 없는 세상은 상상도 하기 싫어.

듣고 쓰기

1. 쇼타와 엘렌의 대화예요. 듣고 물음에 답해 보세요.

7

(1) 엘렌에 대한 내용으로 알맞은 것을 골라 보세요.

① 강아지가 나오는 동영상 채널 두 개를 즐겨 봐요.

② 반려동물이 나오는 영상을 보면서 스트레스를 풀어요.

③ 쇼타가 요즘 즐겨 보는 여행 채널에 별로 관심이 없어요.

(2) 다시 듣고 여행 채널을 추천하는 글을 써 보세요.

한국의 인기 동영상 채널을 추천합니다!

여러분은 어떤 채널을 즐겨 보십니까? 건강, 반려동물, 여행 등 다양한 채널 중에서 요즘 여행 채널이 ① ____________________ 오늘은 재미있는 여행 채널을 하나 소개해 드리겠습니다. 한 대학생이 한국의 시골 여기저기를 여행하면서 찍은 영상을 올리는 채널입니다. 이 채널은 잘 알려지지 않은 한국의 여행지를 소개하고 있어 새로운 여행지를 찾는 사람들에게 인기가 많습니다. 그리고 갑자기 예상하지 못한 ② ____________________ 여행이 계획대로 진행되지 않을 때 여행하는 사람이 문제를 해결해 가는 것을 보는 재미도 있습니다.

2. 진행자와 전문가의 대화예요. 듣고 물음에 답해 보세요.

8

(1) 두 사람이 이야기한 내용으로 알맞은 것을 골라 보세요.

① 전문가들은 앞으로 가짜 뉴스가 더 많아질 것으로 예측해요.

② 가짜 뉴스를 만드는 사람들보다 공유하는 사람들이 더 문제예요.

③ 가짜 뉴스 문제를 법으로 해결할 수 없으면 신고 센터에 알려야 해요.

(2) 다시 듣고 들은 내용을 써 보세요.

요즘 가짜 뉴스의 피해가 심각하다. 사람들이 가짜 뉴스를 만드는 데에는 여러 이유가 있지만 자기의 영상을 보게 해서 ① ____________________ 하는 경우가 많다. 문제는 이런 가짜 뉴스들을 ② ____________________ 사람들 때문에 가짜 뉴스가 쉽게 퍼지고 있다는 것이다. 따라서 가짜 뉴스 문제를 해결하기 위해서는 무엇보다 우리 모두의 노력이 필요하다. 의심이 가는 뉴스나 게시물을 보게 된다면 공유하기 전에 ③ ____________________. 그리고 가짜 뉴스를 보면 신고하고 주변에도 알릴 필요가 있다.

말하기

1. 다음을 읽고 ⓐ, ⓑ에 들어갈 말로 알맞은 것을 골라 보세요.

여러분은 스마트폰 게임을 자주 합니까? 만약 여러분이 평소에 목과 손목에 통증을 느끼고 밤늦게까지 게임을 하느라 잠을 못 잔다면 게임 중독을 의심해야 합니다. 그리고 빨리 게임 중독에서 벗어나야 합니다. 이를 위해서 먼저 게임 시간을 점검하고 매일 조금씩 시간을 줄여야 합니다. 게임하는 시간을 미리 정해 놓고 ___ⓐ___. 그리고 자야 할 시간에 스마트폰을 보지 않도록 잘 때는 스마트폰을 손이 닿지 않는 곳에 둬야 합니다. 이렇게 하면 게임 중독에서 벗어나 몸도 좋아지고 ___ⓑ___ 잠도 푹 잘 수 있습니다. 스마트폰 게임으로 일상생활에 문제를 겪고 있다면 이런 방법을 실천해 보시기 바랍니다. 지금까지 저희 팀의 발표였습니다. 감사합니다.

① ⓐ 그 시간을 피해 일을 해야 됩니다　　ⓑ 몸의 통증도 감소되며

② ⓐ 시간을 지켜서 게임을 해야 합니다　　ⓑ 눈의 피로감을 해소할 수 있으며

③ ⓐ 정해진 시간만 게임을 해야 됩니다　　ⓑ 목과 손목의 통증도 줄일 수 있으며

2. 다음 물음에 답해 보세요.

(1) 중고 거래로 물건을 파는 이유를 표현하는 말로 알맞은 것을 골라 보세요. 말하기 기능

A 지금 쓰고 있는 냉장고를 왜 팔려고 하는데요?

B ______________________________.

① 이사 갈 집에 있는 냉장고가 깨끗하지 않아서요

② 이사 갈 집에 냉장고가 없는데 지금 사용하는 게 흠이 있어서요

③ 이사 갈 집에도 냉장고가 있는데 지금 쓰고 있는 게 아직 괜찮아서요

(2) 물건 상태에 따른 적당한 가격을 묻는 말로 알맞은 것을 골라 보세요. 말하기 기능

A ______________________________?

B 글쎄요. 그래도 3년이나 됐으니까 싸게 파는 게 좋을 거예요.

① 3년 전에 사서 좀 오래되긴 했는데 얼마에 팔면 좋을까요

② 3년쯤 사용한 물건이라서 아끼던 건데 얼마를 받아야 될까요

③ 3년 정도 사용한 가방과 새 가방을 묶어서 팔 건데 얼마쯤 받으면 될까요

(3) 인터넷 중고 거래로 물건을 파는 이유와 물건의 상태에 따른 가격을 말하는 대화를 완성해 보세요. 그리고 말해 보세요.

인터넷 중고 거래로 가방을 팔고 싶어요. 친구에게 중고 거래 방법을 물어보고 물건을 파는 이유를 말하세요. 그리고 팔 물건의 상태에 따른 적당한 가격을 물어보세요.

친구에게 인터넷 중고 거래 방법을 설명하세요. 그리고 친구에게 물건을 파는 이유를 물어보고 팔려는 물건의 가격에 대해 조언하세요.

1 **중고 거래로 물건을 파는 이유 답하기**

요즘 잘 안 쓰다 + 흠 | 없다 + 깨끗하다

엘렌 유나 씨, 중고 거래 할 줄 알죠? 가방을 하나 팔까 해서요.

유나 가방을 왜 팔려고 하는데요?

엘렌 ① ______________________________.

2 **인터넷으로 중고 거래 하는 방법 말하기**

가방 상태 | 잘 보이다 + 여러 장 찍다 + 올리는 것 | 좋다

유나 그렇군요. 그럼 먼저 중고 거래 앱을 다운로드하고 거기에 팔 물건을 등록하세요.

엘렌 등록할 때 사진이랑 물건 정보를 올리면 돼요?

유나 네. 구입 시기와 장소, 사용 기간 등 설명을 자세히 쓸수록 잘 팔려요. 그리고 사진이 중요하니까 ② ______________________________.

3 **물건 상태에 따른 적당한 가격 묻기**

거의 안 **쓰다** + 얼마쯤 받다 + 좋다

엘렌 산 지 1년 정도 됐지만 ③ ______________________________?

유나 글쎄요. 비슷한 다른 가방보다 조금 싸게 내놓는 게 좋을 거예요.

4 **추가로 조언하기**

만약 일주일 | 지나다 + 관심 갖는 사람 | **없다** + 가격 | 더 내리다

엘렌 알겠어요. 그렇게 할게요.

유나 ④ ______________________________.

읽고 쓰기

1. 다음을 읽고 물음에 답해 보세요.

김*현
★★★★★
이화전자 휴대 전화 EW50, 검정

EW45와 EW50, 자세하게 비교해 드립니다!

저는 한 달 전에 130만 원을 주고 휴대 전화 EW50을 구입했습니다. 2년 정도 사용한 EW45가 갑자기 고장 나는 바람에 새 상품을 찾다가 마침 ⓐ 이화전자에서 새 휴대 전화가 나와 구입하게 되었습니다. 사용하기 무난한 검은색으로 샀습니다. EW50 구매를 고민하시는 분들께 도움이 될까 해서 EW45와 비교해 봤습니다.

먼저 화면 크기와 속도입니다. EW45는 한 손에 들어오는 크기여서 사용하기 편한 반면 동영상을 볼 때 화면이 작아 답답하고 게임을 할 때 속도가 느려지는 단점이 있었는데요. EW50은 화면이 크고 속도가 빨라서 동영상을 보거나 게임을 할 때 아주 좋습니다. 그리고 배터리 성능이 뛰어납니다. 저는 동영상을 즐겨 보는데요. EW45는 하루에 두 번 정도 충전을 해야 됐는데 EW50은 동영상을 하루 종일 틀어 놓다시피 해도 밤까지 충전 없이 사용할 수 있습니다. 다음으로 카메라 기능인데요. EW50은 ⓑ 사진 앱에 전문가 기능이 있어서 좋다는 후기가 많던데 저는 복잡해서 불편했습니다. 오히려 단순하고 쉽게 찍을 수 있는 EW45가 더 좋았습니다. 그렇지만 카메라에 대해 잘 아시는 분은 전문가처럼 멋있는 사진을 찍을 수 있을 겁니다.

평소에 게임과 동영상 감상, 사진 촬영을 즐기신다면 EW50에 만족하실 겁니다. 그러나 ⓒ 화면이 크기 때문에 손이 작은 분들은 조금 불편할 수 있으니까 꼭 매장에서 크기를 확인해 보시기 바랍니다.

(1) 밑줄 친 ⓐ~ⓒ가 사실인지 의견인지 연결해 보세요. 읽기 전략

① ⓐ •
② ⓑ •
③ ⓒ •

• 사실
• 의견

2. 다시 읽고 물음에 답해 보세요.

(1) 이 글을 쓴 사람에 대한 설명으로 알맞은 것을 골라 보세요.

① 새 휴대 전화가 나오기를 기다렸다가 EW50을 구입했다.

② 새 휴대 전화의 화면 크기와 빠른 속도에 만족해하고 있다.

③ 사진 앱에 있는 기능을 사용해서 사진을 전문가처럼 멋있게 찍을 수 있다.

(2) EW45에 대한 설명으로 알맞은 것을 골라 보세요.

① 쉽게 충전할 수 있어서 게임할 때 편하다.

② 동영상을 오래 보면 속도가 느려지는 단점이 있다.

③ 카메라 기능이 복잡하지 않아서 사진을 쉽게 찍을 수 있다.

(3) EW50의 광고로 맞지 않는 것을 골라 보세요.

①

②

③

3. 1을 바탕으로 글을 써 보세요.

휴대 전화 EW50 팝니다!

서대문구 이화여대길 30 • 5시간 전

팔 물건의 제품명과 판매 가격

얼마 전 이화전자에서 나온 휴대 전화 EW50을 85만 원에 판매합니다. 한 달 정도 사용했는데 제가 손이 작은 편이라 큰 화면이 불편해서 판매합니다. 130만 원에 샀지만 85만 원에 팝니다.

850,000원

물건의 상태, 특징, 장점

사용한 지 한 달밖에 안 돼서 물건은 거의 새것과 다름없습니다. 위 사진에서 보시다시피 검은색이라서 사용하기 무난할 겁니다.

거래 방식

직접 만나서 거래하실 분만 연락 주시기 바랍니다. 거래 희망 장소는 이대역이나 홍대입구역입니다. 궁금한 점이 있으시다면 언제든지 연락하셔도 됩니다.

5 단원 명절과 축제

어휘와 표현 ① 축제

p.108

1. 밑줄 친 부분은 주요 어휘와 표현이에요. 관계있는 것을 연결해 대화를 완성해 보세요.

(1) "어떤 풍경을 카메라에 담았어요?"

(2) "축제에 참여한 사람들은 몇 명 정도입니까?"

(3) "야간 개장을 앞두고 어떤 준비를 하셨나요?"

(4) "얼음을 깨고 낚시할 때 주의해야 될 게 있을까요?"

- ① "안전을 위해 얼음이 두꺼운지 확인해야 돼요."
- ② "아침 일찍 바닷가에 가서 해돋이를 찍었어요."
- ③ "이틀 동안 8,000명의 사람들이 축제에 와서 좋은 추억을 만들었습니다."
- ④ "방문한 분들이 여름밤을 즐기실 수 있도록 불빛으로 행사장을 장식해 놓았습니다."

2. 1의 밑줄 친 표현을 사용해 대화를 완성해 보세요.

마테오　루이즈 씨, 지난주에 시작한 얼음 축제에 갈까요? 축제 광고에서처럼 (1) 얼음을 깨고 낚시하면 정말 재미있을 것 같아요.

루이즈　그래요. 그럼 주말에 같이 가요. 그런데 (2) ________ 미리 표를 사야 돼요?

마테오　네. 예매해야 돼요. 같이 야경도 봐요. (3) ________ 오늘부터 야간 입장권도 판매한대요.

루이즈　기대가 되네요. 우리 사진도 많이 찍어요. 야경을 (4) ________ 특별한 추억이 되겠어요.

3. 알맞은 것을 골라 대화를 완성해 보세요.

입장권을 받다	별도로 마련되다	먹을거리를 구입하다	축제 분위기가 나다

5월 31일 토요일

오늘은 친구와 세계음식축제에 다녀왔다. 축제 장소에 도착하자마자 매표소로 가서 (1) 입장권을 받았다. 그곳은 많은 사람들로 붐비고 있었다. 신나는 음악 소리가 나오니까 (2) ________. 그리고 축제에서는 다양한 세계 음식을 판매하고 있었다. 그곳에서 여러 나라의 (3) ________ 수 있을 뿐만 아니라 세계 여러 나라의 풍경을 담은 사진들도 볼 수 있었다. 사진 전시회 옆에는 전통 옷을 입고 사진을 찍을 수 있는 공간도 (4) ________ 있었다. 친구와 함께 축제를 즐기니까 더 재미있었다.

어휘와 표현 ❷ 명절

p.120

1. 알맞은 것을 골라 대화를 완성해 보세요.

명절을 맞다	차례를 지내다	산소에 성묘하러 가다

A 추석이 다가오고 있는데요. 특별한 계획이 있나요?

(1) B 다가오는 명절을 맞아 고향 가는 비행기표를 미리 샀어요. 고향에 가서 즐거운 시간을 보낼 거예요.

(2) B 이번 명절에는 작년에 돌아가신 할아버지의 __________. 할아버지가 좋아하시던 음식을 준비해서 가져가려고 해요.

(3) B 올해 추석 아침에는 돌아가신 조상님을 생각하며 __________. 가족들이 모여서 함께 상을 차리고 명절 음식을 나눠 먹는 시간이 기대돼요.

2. 밑줄 친 부분은 주요 어휘와 표현이에요. 관계있는 것을 골라 써 보세요.

(1) 이사 후에 새 가구를 사고 그림으로	①	① 집을 꾸몄어요.
(2) 놀이공원에서는 세계 전통 옷을 입은 사람들이 춤추며	___	② 폭죽이 터져요.
(3) 매년 10월에 한강에서 불꽃놀이 축제가 열려서 하늘에서	___	③ 퍼레이드를 해요.

3. 2의 밑줄 친 표현을 사용해 대화를 완성해 보세요.

크리스마스를 맞아 시내가 사람들로 붐비고 있습니다. 광화문 광장에는 화려한 불빛이 켜지고 크리스마스 시장이 열렸습니다. 지금부터 크리스마스 분위기를 즐기고 있는 시민들의 생생한 목소리를 들어보겠습니다. 안녕하세요? 크리스마스 축제에 오신 소감이 어떠신가요?

크리스마스를 맞아 가족과 함께 오니까 더 특별한 것 같아요. 광장에서 사람들이 인형처럼 꾸미고 행진하는 (1) 퍼레이드를 한다고 해서 보려고 해요.

크리스마스 분위기가 나서 더 재미있어요. 오늘 작고 예쁜 물건을 많이 샀는데 집에 가서 크리스마스 장식으로 (2) __________ 예정이에요.

거리에 불빛이 켜지고 하늘에서 (3) __________. 하늘에 화려한 불꽃이 보이니까 분위기가 좋았어요. 크리스마스를 기념하는 불꽃이 정말 아름다웠어요.

문법 ❶ A/V-(으)므로

pp.109~110

1. 관계있는 것을 연결하고 문장을 완성해 보세요.

(1) 앞으로 출생률이 떨어질 것이다 • • ① 따뜻한 음료수를 마시는 게 좋다

(2) 주차 공간이 별도로 마련되어 있지 않다 • • ② 대중교통을 이용해 주시기 바라다

(3) 아침을 굶으면 점심에 과식할 위험이 크다 • • ③ 아이를 낳는 가정에 혜택을 줘야 되다

(4) 겨울철에 찬 음료수를 자주 마시면 건강에 해롭다 • • ④ 아침을 챙겨 먹어야 건강에 도움이 되다

(1) 앞으로 출생률이 떨어질 것이므로 문제 해결을 위해 아이가 있는 가정에 혜택을 줘야 됩니다.

(2) 주차 공간이 별도로 마련되어 ______________________.

(3) 아침을 굶으면 점심에 과식할 위험이 ______________________.

(4) 겨울철에 찬 음료수를 자주 마시면 건강에 ______________________.

2. 알맞은 것을 골라 글을 완성해 보세요.

재산이다	필요하다	방해가 되다	더러워질 수 있다

도서관 이용 규칙

- 큰 소리로 떠들면 다른 사람에게 (1) 방해가 되므로 조용히 해야 됩니다.
- 책을 대출할 때에는 신분증이 (2) ______________ 미리 준비해야 됩니다.
- 도서관의 책은 우리 모두의 (3) ______________ 소중하게 다루시기 바랍니다.
- 책에 음식물을 흘리면 책이 (4) ______________ 음식물을 가지고 들어갈 수 없습니다.

문법 ❷ A/V-더라도

pp.111~112

1. 알맞은 것을 골라 대화를 완성해 보세요.

없다	오다	귀국하다	제품이다

(1) A 감기 때문에 입맛이 없네요. 도저히 못 먹겠어요.

B 아무리 입맛이 없더라도 밥을 굶으면 안 되죠. 조금 더 드세요.

(2) A 선생님, 내일이 문화 수업인데 비가 오면 취소되나요?

B 일기 예보에서 흐리지만 비는 안 올 거라고 했어요. 혹시 비가 ______________ 예정대로 갈 거예요.

(3) A 저는 이번 학기를 마치면 고향에 돌아갈 예정이에요. 어떻게 하면 한국어를 잊지 않을 수 있을까요?

B ______________ 한국어 공부를 꾸준히 공부하는 게 좋아요. 한국어를 접할 기회가 줄어들 테니까 온라인 수업을 듣거나 한국어 영상을 보세요.

(4) A 이화전자에서 나온 로봇 청소기는 품질이 좋은데 판매가 잘 안 되는 이유가 무엇일까요?

B 이번에 출시된 신제품이 예전 제품보다 사용 방법이 복잡해서 그런 게 아닐까요? 품질이 좋은 ______________ 사용 방법이 복잡하면 잘 안 팔리는 것 같아요.

2. 알맞은 것을 골라 대화를 완성해 보세요.

어렵다	상황이다	실수하다	알아듣다

A 선생님, 한국어 실력을 기르기 위해 어떻게 노력하면 좋을까요?

(1) B 같은 상황이더라도 여러 가지로 표현할 수 있으니까 다양한 표현을 알아 놓으세요.

(2) B 수업 시간에 ______________ 부끄러워하지 않고 계속 말하기를 연습하는 게 좋아요.

(3) B 한국어 책에 모르는 단어가 많아서 이해하기가 ______________ 사전을 찾기 전에 문장의 의미를 추측해 보면 어떨까요?

(4) B 한국 드라마나 영화를 볼 때 배우의 대사를 한 번에 못 ______________ 여러 번 반복해서 들어 보기 바랍니다. 특히 모르는 표현은 메모했다가 사전에서 찾아보고 다시 들어 보면 훨씬 도움이 됩니다.

문법 ❸ A/V-기는커녕

1. 알맞은 것을 골라 대화를 완성해 보세요.

멀다	받다	춥다	모으다

(1) A 에어컨을 끌까요? 좀 춥지 않으세요?

B 계속 켜 놓으면 안 될까요? 춥기는커녕 ______ 전 더워서 땀이 나네요.

(2) A 이번에 시험공부 열심히 했죠? 시험 잘 봐서 장학금 받게 되는 거 아니에요?

B 아휴, 장학금을 ______________ 이번에 90점만 넘었으면 좋겠어요.

(3) A 대학교 등록금을 거의 다 모았지요? 그동안 아르바이트를 많이 했잖아요.

B 거의 다 ______________ 이사하느라고 원래 가지고 있던 돈까지 다 써 버렸어요.

(4) A 어제 쇼핑몰에 갔다 왔다면서요? 학교에서 멀지 않았어요?

B 아니요. ______________ 버스로 15분도 안 걸리던데요. 교통이 편리해서 잘 다녀왔어요.

2. 그림을 보고 대화를 완성해 보세요.

(1) 

A 쓰기 숙제 다 끝냈어?

B 이제 해야 돼. 쓰기 숙제는커녕 ______ 워크북 숙제도 아직 다 못 했어.

(2) 

A 저녁 상 다 차렸어? 오늘 저녁 메뉴는 뭐야?

B 상을 ______________ 아직 뭘 먹을지 결정도 못 했어. 냉장고에도 아무것도 없으니 간단하게 라면을 먹어야겠어.

(3) 

A 기차표 샀어요? 주말이라 서둘러서 예매해야 할 거예요.

B 기차표를 ______________ 아직 기차 시간을 알아보지도 못했어요. 지금 기차 시간을 알아보려고요.

(4) 

A 올해 집값이 어떻습니까? 작년에 오른 집값이 떨어질까요?

B 최근 집값이 ______________ 계속 오르고 있어 걱정스럽습니다. 이에 따라 정부가 이 문제를 해결할 방법을 찾고 있습니다.

문법 ❹ A/V-기도 하다

pp.121~122

1. 알맞은 것을 골라 대화를 완성해 보세요.

좁다	떨리다	학자이다	확인하다

(1) A 주말 잘 보냈어요? 뭐 했어요?

B 친구랑 맛집에 찾아갔는데 좀 힘들었어요. 생각보다 식당이 좁기도 하고 기다리는 사람이 많기도 했어요.

(2) A 배낭여행을 가기로 했다면서요? 부러워요.

B 네. 그런데 막상 가려고 하니까 ______________ 낯선 곳에 가는 게 걱정되기도 해요.

(3) A 오늘 신문에 나온 김승우 교수는 어떤 분이에요?

B 김 교수님은 평생 대학에서 연구를 하신 ______________ 환경을 지키기 위해 노력한 환경 운동가이시기도 해요.

(4) A 선배님, 발표 잘 들었습니다. 준비하기 쉽지 않았을 텐데 발표 준비를 어떻게 하셨어요?

B 발표 전에 제가 말하는 모습을 보기 위해서 동영상으로 촬영하기도 하고 발표 자료에 실수가 없는지 여러 번 ______________.

2. 알맞은 것을 골라 대화를 완성해 보세요.

먹다	보내다	응원하다	주고받다

A 여러분 나라에도 한국의 추석과 비슷한 명절이 있어요? 그 명절에 사람들은 보통 뭘 해요?

(1) B 중국에서는 달처럼 생긴 과자를 먹기도 하고 달을 보면서 소원을 빌어요.

(2) B 인도에서는 가족과 서로 선물을 ______________ 집과 거리를 불빛으로 장식하기도 해요.

(3) B 일본에서도 조상의 산소에 성묘하러 가기도 하고 가족과 함께 시간을 ______________.

(4) B 미국에서는 추수감사절이 되면 가족들이 모여 함께 칠면조를 먹고 지역을 대표하는 미식 축구팀의 경기를 보면서 ______________.

더 알아보기 (이)라도

p.124

1. 알맞은 것을 골라 대화를 완성해 보세요.

늦게	라면	잠시	영화관

(1) A 엄마, 배고픈데 밥 있어요?

B 지금은 밥이 없는데. 우선 라면이라도 ________ 먹을래?

(2) A 오늘 일이 좀 많죠? 괜찮아요?

B 정신없이 바쁘네요. ________________ 좋으니까 좀 쉴 수 있으면 좋겠어요.

(3) A 비가 오니까 공원에 가긴 힘들겠다. 우리 뭐 할까?

B 뭐 특별히 할 게 없으면 우리 가까운 ________________ 가서 영화 한 편 보는 게 어때? 친구가 그러는데 얼마 전에 개봉한 영화가 재미있대.

(4) A 그 드라마를 쓴 작가는 의사로 일하다가 작가로 성공한 거래요. 50대인데 새로운 분야에 도전한 게 대단해요.

B 정말요? ________________ 자신의 꿈을 이루다니 멋지네요!

종합 연습

1. 알맞은 것을 골라 글을 완성해 보세요.

-더라도	-(으)므로	-기는커녕	-기도 하다

최근 명절에 고향에 내려가지 않고 연휴를 보내는 사람들이 늘고 있다. 직장인 김 모(27) 씨는 서울에서 연휴를 보냈다. 김 씨는 "추석 연휴에는 기차표를 예매하기 쉽지 않을 것 같아서 지난주에 미리 고향에 다녀왔다."며 "연휴 때는 집에서 밀린 드라마를 (1) 보기도 하고 ________ (보다) 게임도 하며 재충전했다. 혼자 시간을 보내도 (2) ________________ (외롭다) 정말 즐거웠다."라고 말했다. 예전에는 명절을 혼자 보내면 외롭다거나 슬프다고 생각하는 사람들이 많았지만 요즘에는 고향을 방문하지 않고 명절을 혼자 (3) ________________ (보내다) 재미있게 즐길 수 있다는 인식이 생겨나고 있다. 오히려 예전과 달리 연휴를 휴식 시간으로 잘 (4) ________________ (활용할 수 있다) 만족스럽다는 의견이 많아지고 있는 것이다.

김진영 기자(jin0@ewhanews.kr)

듣고 쓰기

1. 교내 방송이에요. 듣고 물음에 답해 보세요.

9

(1) 들은 내용으로 알맞은 것을 골라 보세요.

① 이 축제에는 이화여대 학생들만 참여할 수 있으며 입장권은 구매해야 돼요.

② 신입생을 위한 행사에서 공부 방법이나 동아리에 대해 안내받을 수 있어요.

③ 축제 첫날 열리는 인기 가수들의 축하 공연은 올해 처음 만들어진 행사예요.

(2) 다시 듣고 축제에 대한 신문 기사를 써 보세요.

작년에 이어 올해에도 5월 초 우리 학교에서 이화문화축제가 열린다. 매년 봄날이 되면 열리는 축제에는 ① ________________ 근처 지역에 사는 주민이면 무료로 참여할 수 있다. 5월 6일 오후 6시, 이화마당에서 열리는 '이화의 밤' 행사에는 여러 동아리의 공연과 체험 활동 시간, 그리고 선배와 이야기를 나눌 수 있는 시간 등이 마련돼 있다. 또한 7일 오후 7시에는 인기 가수들의 축하 공연과 학생들의 댄스 공연이 진행된다. 이번 축제는 봄날에 모두가 ② ________________ 많은 참여를 바란다.

김시헌 기자(honey@ewha.edu)

2. 뉴스예요. 듣고 물음에 답해 보세요.

10

(1) 축제에 대한 내용으로 맞지 않는 것을 골라 보세요.

① 행사장은 실내에 있어서 비가 오더라도 진행에 문제가 없어요.

② 영화제에는 영화배우와 관객이 소통할 수 있는 행사가 있어요.

③ 행사장에서 관객들은 기념품을 사고 여러 가지 체험도 할 수 있어요.

(2) 다시 듣고 들은 내용을 써 보세요.

부산국제영화제에 많은 시민들이 찾아 다양한 행사를 즐기고 있다. 영화제 두 번째 날 아침, 많은 사람들이 좋아하는 영화배우들과 영화를 보려고 ① ________________. 인터뷰를 한 시민은 배우들과 같은 공간에 있을 수 있다는 것에 기대감을 보였다. 행사장에서는 곧바로 영화배우들이 관객과 ② ________________ 행사가 이어질 예정이다. 그리고 행사장 근처에 기념품 판매장과 체험 공간도 ③ ________________. 이 영화제는 오는 11일까지 진행될 예정이다.

말하기

1. 다음을 읽고 ⓐ, ⓑ에 들어갈 말로 알맞은 것을 골라 보세요.

> 안녕하세요? 저희 팀이 기획한 축제에 대해 발표하겠습니다. 저희는 세계 문화를 즐길 수 있는 축제를 준비했습니다. 세계의 다양한 문화를 경험하고 싶을 때 일부러 ____ⓐ____ 기회를 제공하려고 합니다. 축제를 기획할 때 예상한 문제점은 다음과 같습니다. 먼저 외국인들은 한국어를 잘 못하기 때문에 축제를 즐기기는커녕 제대로 축제에 참여하지 못할 수도 있습니다. 그래서 안내 도우미 서비스를 제공할 생각입니다. 그리고 무료 왕복 버스를 마련해서 사람들이 지하철역까지 쉽게 오갈 수 있게 하려고 합니다. 이와 같은 ____ⓑ____ 축제에 온 사람들이 즐거운 시간을 보낼 수 있을 겁니다. 이제 발표를 마무리하겠습니다. 고맙습니다.

① ⓐ 국내 여행을 안 가더라도 함께할 수 있는 ⓑ 서비스가 준비되어 있으므로

② ⓐ 외국에 안 나가더라도 한국에서 즐길 수 있는 ⓑ 서비스가 제공될 예정이므로

③ ⓐ 해외에 가지 않더라도 국내에서 참여할 수 있는 ⓑ 휴게실이 마련되어 있으므로

2. 다음 물음에 답해 보세요.

(1) 설날 연휴에 고향에 잠시 다녀오는 것을 표현하는 말로 알맞은 것을 골라 보세요. 말하기 기능

> A 설날 연휴에 부모님이 계신 부산에 내려가요?
>
> B ________________________________.

① 연휴에도 출근해야 해서 올해 설날에는 못 갈 것 같아요

② 연휴 내내 있지는 못하더라도 잠깐 고향에 다녀오려고요

③ 이번에 연휴가 기니까 고향에서 오래 있을까 생각 중이에요

(2) 설날에 하는 여러 일을 표현하는 말로 알맞은 것을 골라 보세요. 말하기 기능

> A 한국에서는 설날에 가족들이 모이면 보통 뭐 해요?
>
> B ________________________________.

① 해돋이를 보러 가거나 떡국을 먹으면서 보내거나 해요

② 작년에는 설날에 가족들을 만나서 해돋이를 보러 가 봤어요

③ 설날에 해돋이를 보러 가는 건 특별한 경험이므로 꼭 한번 가 보세요

(3) 여러분 나라와 친구의 나라에서 새해에 먹는 음식과 그때 하는 여러 가지 일에 대해 말하는 대화를 완성해 보세요. 그리고 말해 보세요.

진차오에게 새해에 무엇을 하는지 묻고 진차오의 나라 사람들이 하는 일에 대해 물어 보세요. 그리고 자기 나라에서 새해에 하는 일, 먹는 음식에 대해 말하세요.

새해에 무엇을 할지 답하고 새해에 자신의 나라 사람들이 하는 일에 대해 말하세요. 그리고 새해에 진차오의 나라 사람들이 하는 일과 특별하게 먹는 음식에 대해 물어보세요.

1

고향에 잠시 다녀올 것에 대해 말하기

연휴 내내 | **있지 못하다** + 잠깐 | 다녀오다

마테오 진차오 씨, 다음 주 설날 연휴에 부모님이 계신 고향에 가요?

진차오 ① 네, ______________________________

______________________________.

수업이 있어서 계속 못 갔거든요.

2

중국 사람들이 새해에 하는 여러 가지 일에 대해 말하기

가족 | TV 새해 방송 | **보다** + 불꽃놀이 | 하다 + 보내다

마테오 그랬군요. 그런데 중국에서는 새해에 가족들이 모이면 보통 뭐 해요?

진차오 ② ______________________________

______________________________.

멕시코에서는 어떻게 보내요?

3

멕시코 사람들이 새해에 하는 일 말하기

빈 여행 가방 | 들다 + 집 주변 | 걷다

마테오 멕시코에서도 가족들과 시간을 보내요. 그리고 ③ ______

____

______________________________.

여행을 많이 하기 바라는 의미로 그렇게 해요.

4

멕시코의 새해 음식에 대해 말하기

밤 12시 | 되다 + 포도알 12개 | 먹다 + 새해 소원 | 빌다

진차오 그렇군요. 그런데 중국에서는 새해에 만두를 먹는데 멕시코에서는 뭘 먹어요?

마테오 멕시코에서는 ④ ______________________________

______________________________.

진차오 정말요? 멕시코의 풍습도 재미있네요.

1. 다음을 읽고 물음에 답해 보세요.

세계 다른 나라에서는 설날을 어떻게 보낼까?

① 태국 / 태국의 물 축제, 송끄란(Songkran)

설날을 보내는 방법은 나라마다 다르다. 오늘은 우리 학교 언어 교육원에서 공부하고 있는 위칭 씨(23)를 만나 태국의 새해맞이 풍습을 알아봤다.

기자 한국에서는 음력 1월 1일 설날이 되면 가족들과 함께 시간을 보내는데요. 태국도 비슷한지 궁금합니다.

위칭 태국의 새해 명절은 '송끄란'이라고 해요. 한국과 마찬가지로 태국에서도 가족들이 함께 명절 음식을 먹기도 하고 새해 소원을 빌기도 해요. 새해를 맞아 한 해 동안 편안하게 잘 살기를 바라는 마음은 두 나라가 비슷한 것 같아요.

기자 한국에서는 설날에 성묘를 하러 가고 아침에 조상님께 차례도 지내는데요. (ⓐ)?

위칭 태국 전통 달력으로 새해가 시작되는 4월에 명절을 보내요. 4월에 보통 지역마다 다양한 축제가 열려요. 그중에서도 거리에서 축제에 참여한 사람들에게 서로 물을 뿌리는 행사가 유명해요.

기자 모르는 사람들에게도 물을 뿌립니까? 독특하고 재미있는 풍습이네요.

위칭 네. 상대방의 건강과 행복을 바라는 의미로 물을 뿌리는 거예요. 외국인들에게도 인기가 있어서 매년 4월에 관광객이 많이 와요.

위칭 씨가 들려준 태국의 새해맞이 모습에서 태국의 독특한 문화를 알 수 있었다. 그런데 흥미롭게도 나라마다 풍습은 달라도 새해를 의미 있게 시작하려는 마음은 크게 다르지 않았다.

박예서 기자(yspark@ewha.edu)

(1) 두 나라 명절의 공통점으로 알맞은 것을 골라 보세요. 읽기 전략

① 모두 1월 1일이며 사람들은 고향에서 가족들과 시간을 보낸다.

② 사람들은 모두 한 해 동안 잘 살기 바라는 마음으로 명절을 보낸다.

③ 모두 산소에 성묘를 하러 가고 조상들에게 차례를 지내는 풍습이 있다.

2. 다시 읽고 물음에 답해 보세요.

(1) 이 글을 쓴 사람에 대한 설명으로 알맞은 것을 골라 보세요.

① 최근에 일어난 사건에 대해서 전달하고 있다.

② 독자가 사회 문제에 대해 생각하도록 질문을 던진다.

③ 주제에 대해 잘 아는 사람이 질문에 대답을 하고 있다.

(2) ⓐ에 들어갈 말로 알맞은 것을 고르세요.

① 태국의 축제는 어떻게 다른가요 ② 태국에서는 어떤 달력을 사용하나요 ③ 태국의 설날은 혹시 다른 점도 있나요

(3) 송끄란에 대한 내용으로 알맞은 것을 골라 보세요.

① 사람들은 가족을 만나기보다는 친구와 축제에 참여한다. ② 가족의 건강과 행복을 바라면서 집 안에서 물을 뿌린다. ③ 매년 송끄란을 즐기기 위해서 많은 관광객들이 태국에 간다.

3. 1을 바탕으로 글을 써 보세요.

설날과 송끄란

비교할 명절

새해의 시작은 모두에게 특별한 의미가 있으므로 세계 여러 나라에서는 다양한 방법으로 한 해의 시작을 축하하고 기념한다. 한국에는 설날이 있다면 태국에는 새해 명절인 '송끄란'이 있다.

두 나라 명절의 공통점

이 두 명절은 한 해 동안 편안하게 잘 살기를 바라는 마음으로 새해를 기념한다는 점에서 공통점이 있다.

두 나라 명절의 차이점

그러나 두 명절은 시기와 명절을 즐기는 방법에서 차이가 있다.

명절을 즐기는 방법도 다른데 한국에서는 조상님께 차례를 지내며 감사드리고 성묘하러 가기도 한다. 반면 송끄란이 되면 태국에서는 가족과 시간을 보내거나 지역마다 열리는 축제를 즐긴다.

명절의 의의

이처럼 한국의 설날과 태국의 송끄란은 먹는 음식과 새해를 맞이하는 풍습은 다르더라도 가족의 건강과 행운을 기원하며 새해를 기념한다는 점에서는 비슷하다고 할 수 있다. 가족에게 마음을 전하고 새해를 멋지게 보내길 비는 마음은 똑같은 것이다.

6 단원 소비와 절약

어휘와 표현 ① 알뜰한 소비

p.130

1. 알맞은 것을 골라 대화를 완성해 보세요.

식비를 줄이다	공과금을 절약하다	포인트를 적립하다

(1) A 빵집에서 계산할 때 직원이 포인트가 있냐고 묻던데요. 조슈아 씨도 포인트를 모아요?
B 네. 빵을 살 때마다 꼭 포인트를 적립해요. 나중에 현금처럼 사용할 수 있어요.

(2) A 전 생활비를 먹는 데 많이 쓰는 것 같아요. 어떻게 하면 ____________ 수 있을까요?
B 그럼 외식을 줄이고 장을 보기 전에 뭘 살지 미리 정해 보세요.

(3) A 이번 달에 에어컨을 계속 켜 놓아서인지 전기 요금이 많이 나왔어.
B 나도 그래. 이제 전기 사용도 줄이고 물도 적게 쓰면서 ____________ 위해 노력해야겠어.

2. 밑줄 친 부분은 주요 어휘와 표현이에요. 관계있는 것을 골라 써 보세요.

(1) 공동 구매해요. ③
(2) 전시 상품을 사요. ____
(3) 최저가를 검색해요. ____

① "전자레인지를 사기 전에 가장 싸게 파는 곳이 어디인지 찾아봤어요."
② "가구점에서 파는 의자에 앉아 봤는데요. 그 의자를 싸게 팔아서 그걸 샀어요."
③ "온라인으로 같은 운동화를 사려고 하는 사람들 10명이 모여 함께 싸게 샀어요."

3. 2의 밑줄 친 표현을 사용해 대화를 완성해 보세요.

상우 어제 텔레비전을 사러 갔는데 가격이 100만 원이래.
진영 비싸네. 온라인에서 사면 더 쌀 텐데 가장 싼 가격이 얼마인지 (1) 최저가를 검색해 봤어?
상우 응. 찾아봤지. 소셜 미디어에서 구매자가 30명 정도 모이면 15% 싸게 살 수 있다고 홍보하던데 그렇게 (2) ____________ 방법이 제일 싸게 살 수 있는 방법인 것 같아.
진영 그렇구나. 그런데 여러 사람이 모이려면 시간이 더 걸리니까 혼자 살 때보다 배송이 늦지 않아?
상우 그건 그래. 그래서 어제 매장에 갔을 때 놓여 있는 (3) ____________ 10% 할인해 주겠다고 해서 그렇게 할지 고민 중이야.
진영 텔레비전 상태만 좋으면 배송도 오래 걸리지 않고 가격도 싸니까 그게 제일 좋을 것 같아.

1. 밑줄 친 부분은 주요 어휘와 표현이에요. 의미로 알맞은 것을 연결해 보세요.

(1) 예금해요. • ----- • ① 은행에 돈을 맡겨요.

(2) 예산을 세워요. • • ② 필요한 비용을 미리 정해요.

(3) 규모 있게 써요. • • ③ 물건들을 얼마에 샀는지 하나하나 확인해요.

(4) 지출액을 점검해요. • • ④ 얼마나 돈을 쓸지 정한 대로 계획성 있게 써요.

2. 1의 밑줄 친 표현을 사용해 글을 완성해 보세요.

바른 소비 습관을 기르려면?

먼저 한 달 동안 돈을 얼마나 쓸지 계획한다. 돈을 쓰기 전에 미리 쓸 돈의 (1) 예산을 세우면 저축할 수 있는 금액도 분명해진다. 큰돈을 모으려면 버는 돈의 반 이상을 은행에 (2) ________ 한다. 그리고 돈을 쓸 때는 미리 계획한 정도를 넘지 않게 (3) ________ 노력해야 한다. 마지막으로 돈을 쓴 후에는 돈을 어디에, 얼마나 썼는지 (4) ________ 한다. 그렇게 하면 불필요한 소비를 줄일 수 있을 것이다.

유민영 기자(yumin@ewha.edu)

3. 알맞은 것을 골라 대화를 완성해 보세요.

낭비하다	과소비하다	충동구매를 하다	한꺼번에 몽땅 쓰다

A 어떤 소비 습관을 고치고 싶어요?

(1) B 저는 세일하는 물건을 보면 살 계획이 없던 것도 갑자기 사요. 충동구매를 하는 습관을 고치고 싶어요.

(2) B 저는 취미 생활에 돈을 다 써서 문제예요. 얼마 전에는 캠핑을 시작했는데요. 장비를 사는 데 지난달 월급을 ________.

A 젊은이들의 소비 습관에는 어떤 문제가 있습니까?

(3) B 가장 흔한 것은 자신이 버는 수입을 고려하지 않고 지나치게 많은 돈을 쓰면서 ________ 것입니다.

(4) B 불필요한 쇼핑을 자주 한다는 것입니다. 수시로 쇼핑을 하니까 돈뿐만이 아니라 시간도 ________ 있습니다.

문법 ① A/V-든지

pp.130~131

1. 알맞은 것을 골라 대화를 완성해 보세요.

가다	열다	다니다	작성하다

(1) A 제가 만든 음식은 맛이 없는데 어떻게 하면 요리를 잘할 수 있을까요?

B 그러면 요리 학원에 다니든지 요리 영상을 보고 따라 해 보세요.

(2) A 문화센터 요가 수업을 신청하려면 어떻게 해야 돼요?

B 홈페이지에서 수업 신청서를 ________________ 문화센터에 직접 방문하세요.

(3) A 이 바지를 사고 싶은데 여기에 S 사이즈가 없어요.

B 그럼 가까운 다른 매장에 ________________ 아니면 온라인 매장에서 S 사이즈를 찾아보세요.

(4) A 카페를 운영하고 있는데 주변에 다른 카페가 생겨서 걱정이에요.

B 그럼 다른 곳보다 아침에 문을 일찍 ________________ 휴일에도 평일처럼 운영하면 어떨까요?

2. 다음을 읽고 문장을 완성해 보세요.

축제 공연 관람 안내

(1) 공연은 오후 5시에 있습니다. 평일, 주말 모두 오후 5시에 시작합니다.

(2) 모든 좌석은 3만 원입니다. 자리가 무대에서 가깝거나 멀거나 상관없이 가격이 같습니다.

(3) 공연장에 입장할 때 표를 내세요. 아니면 휴대 전화로 예매한 것을 보여 주세요.

(4) 공연을 볼 때 음식을 먹어도 됩니다. 음식은 가져오거나 공연장 안에서 구입하세요.

(1) 공연은 평일이든지 주말이든지 모두 오후 5시에 시작합니다.

(2) 좌석의 가격은 자리가 무대에서 ________________ ________________ 모두 3만 원입니다.

(3) 공연장에 입장할 때 표를 ________________ 휴대 전화로 예매한 것을 ________________ 해야 합니다.

(4) 공연을 볼 때 음식을 먹어도 되는데 음식은 ________________ 공연장 안에서 ________________ 상관없습니다.

문법 ❷ V-고 보다

1. 그림을 보고 대화를 완성해 보세요.

(1) 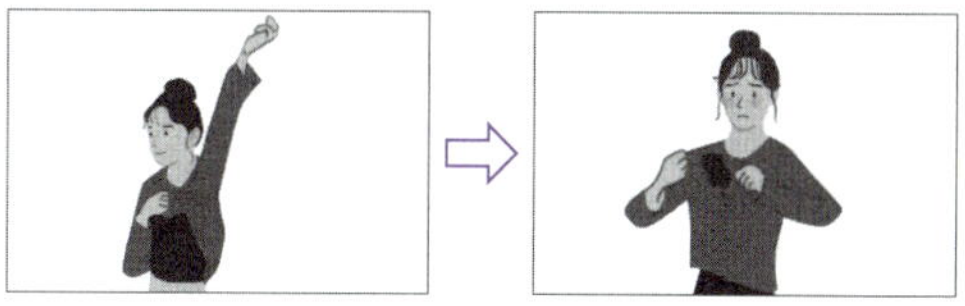

A 유나야, 왜 방금 입은 셔츠를 벗었니?

B 엄마, 그 셔츠를 입고 보니 얼룩이 있어서 갈아입었어요.

(2) 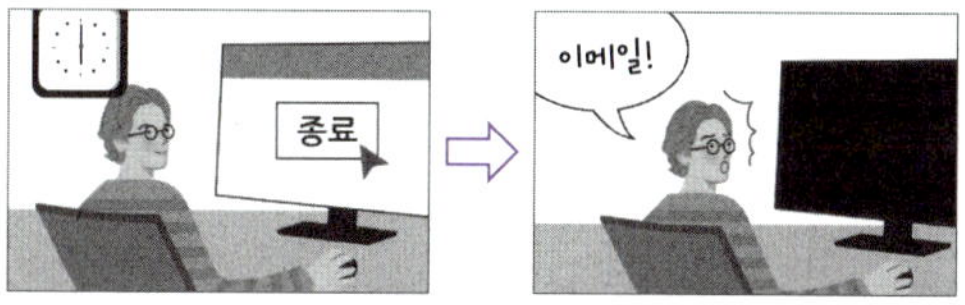

A 올리버 씨, 퇴근 시간인데 왜 컴퓨터를 다시 켜요?

B 네. 컴퓨터를 ______________ 오늘 꼭 보내야 하는 이메일이 생각나서요.

(3) 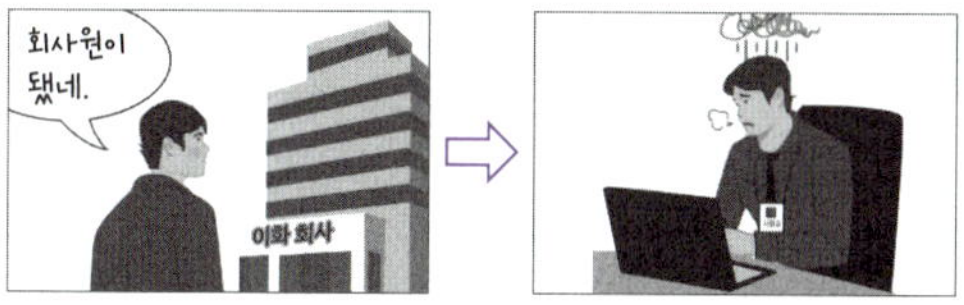

A 선배, 회사 생활은 어때요? 저도 빨리 졸업해서 회사에 다니고 싶어요.

B 보람 있지만 힘들어. 학생이었을 때가 더 좋았어. 너도 회사원이 ______________ 학생이었을 때가 그리울 거야.

(4) 

A 위칭, 내가 한국에 온 지 얼마 안 돼서 아직은 한국 생활이 낯설어. 언제쯤 괜찮아질까?

B 난 한국에서 3개월쯤 살았을 때 적응이 됐어. 너도 3개월쯤 ______________ 한국 생활에 익숙해질 거야.

2. 알맞은 것을 골라 대화를 완성해 보세요.

가다	듣다	먹다	취소하다

A 계단에서 넘어져서 다리가 너무 아파. 어떡하지?

(1) B 우선 나랑 같이 근처 병원에 가고 보자.

(2) B 그럼 지금 공연을 보기 힘들 텐데 예약한 표부터 ______________.

A 점심을 못 먹었는데 수업 시작 시간이 얼마 안 남았네. 어쩌지?

(3) B 일단 가지고 있는 간단한 간식이라도 ______________.

(4) B 수업이 끝나자마자 식당에 가면 되니까 먼저 수업부터 ______________.

문법 ③ A/V-거니와

pp.136~137

1. 알맞은 것을 골라 대화를 완성해 보세요.

되다	찍다	어리다	내성적이다

(1) A 지역 축제가 열리면 그 지역에 어떤 도움이 됩니까?

B 지역 홍보가 되거니와 방문객이 많아져서 지역 경제도 활성화됩니다.

(2) A 사업을 처음 시작하셨을 때 어떤 어려움을 겪으셨습니까?

B 그땐 20대여서 나이도 ________ 경험도 부족해서 모든 일이 쉽지 않았습니다.

(3) A 요즘 영상을 직접 만들어서 소셜 미디어에 올리는 사람들이 많이 늘었죠?

B 네. 일반 사람들도 전문가만큼 영상을 잘 ________ 편집도 잘합니다. 재미있는 내용으로 인기를 끄는 채널도 많습니다.

(4) A 작가님은 스포츠와 관련된 소설을 많이 쓰셨는데 운동을 좋아하십니까? 성격도 활발하실 것 같은데요?

B 아닙니다. 전 ________ 운동하는 걸 즐기지도 않습니다. 그냥 집에서 혼자 경기 보는 걸 좋아하는 편입니다.

2. 알맞은 것을 골라 글을 완성해 보세요.

있다	지치다	풀리다	향상되다

건강 칼럼

아침 운동보다 효과적인 저녁 운동

스포츠과학과 김영우 교수

아침 시간을 활기차게 보내기 위해 일어나자마자 운동을 하는 사람들이 있다. 그런데 이른 아침에 운동을 하면 힘이 없어서 빨리 (1) 지치거니와 몸에도 큰 부담을 준다. 반면에 저녁에 운동을 하면 몸에 남아 있는 힘을 다 쓸 수 있기 때문에 오래 운동할 수 (2) ________ 운동 능력도 향상된다. 그리고 저녁에 운동을 하면 하루 동안 쌓인 스트레스가 (3) ________ 기분 전환도 된다. 그러므로 저녁 운동을 꾸준히 하면 체력이 (4) ________ 생활의 활력도 얻을 수 있다.

문법 ④ V-아/어 버리다

pp.143~144

1. 그림을 보고 대화를 완성해 보세요.

(1) 

A 아이가 왜 울고 있어요?

B 손에 있던 풍선을 놓쳤거든요. 풍선이 하늘로 날아가 버렸어요.

(2) 

A 컵라면 국물이 너무 많은 거 아니에요?

B 맞아요. 제가 컵라면 안쪽에 있는 선을 못 보고 물을 많이 ______________ ________.

(3) 

A 진영아, 오늘 친구들이랑 저녁때까지 논다고 하더니 일찍 집에 왔네.

B 원래 그러려고 했는데 점심 먹고 나니까 피곤해져서 그냥 집에 ______________ ________.

(4) 

A 휴대 전화가 작동이 안 돼요?

B 네. 제가 오늘 휴대 전화를 여러 번 떨어뜨렸는데 휴대 전화가 ______________ ________ 것 같아요.

2. 알맞은 것을 골라 ○표 해 보세요.

(1) A 이삿짐 정리하는 걸 도와줘서 정말 고마워요. 이제 저 혼자 정리할게요.

B 아니에요. 얼마 안 남았는데 같이 정리하고 (끝내 버려요, 끝내고 말아요).

(2) A 어제 도서관에서 빌린 책을 벌써 다 읽었어요?

B 네. 내용이 정말 재미있어서 하루 만에 다 (읽어 버렸어요, 읽고 말았어요).

(3) A 오늘 아침 교통사고로 어떤 피해가 있었습니까?

B 네. 두 대의 자동차가 크게 부서지고 운전자들이 (다쳐 버렸습니다, 다치고 말았습니다).

(4) A 담배를 피워서인지 목이 자주 아픈데 담배를 끊기가 어려워요.

B 건강을 지키려면 몸에 해로운 걸 피해야죠. 어려워도 담배를 (끊어 버리세요, 끊고 마세요).

(5) A 요즘 대학교 지원 준비를 하느라 많이 힘들죠?

B 네. 준비할 게 많아서 힘들지만 제가 원하는 대학교에 꼭 (들어가 버리겠어요, 들어가고 말겠어요).

더 알아보기 ① (이)든지

p.135

1. 알맞은 것을 골라 대화를 완성해 보세요.

뭐	누구	어디	언제

(1) A 저도 이 도서관을 이용할 수 있어요?

B 네. 이용 등록을 하시면 누구든지 ________ 이용하실 수 있습니다.

(2) A 이 할인 쿠폰은 어디에서 사용할 수 있어?

B '이화마트'의 매장이면 ________ 상관없이 사용할 수 있어.

(3) A 선생님, 발표 자료를 언제 홈페이지에 올리면 될까요?

B 발표 때 같이 볼 거니까 발표 전에 ________ 올려도 상관없어요.

(4) A 무슨 과일을 좋아해요?

B 과일이면 ________ 다 잘 먹어요. 달콤한 것도 신 것도 다 좋아해요.

더 알아보기 ② N에 따라

p.140

1. 관계있는 것을 연결하고 문장을 완성해 보세요.

(1) 계절 • ··········· • ① 피는 꽃이 다르다

(2) 적성 • • ② 집값에 차이가 나다

(3) 취향 • • ③ 직업을 선택해야 하다

(4) 주변 환경 • • ④ 커피에 우유를 넣기도 하고 설탕을 넣기도 하다

(1) 한국은 계절에 따라 피는 꽃이 다르다________.

(2) 학생들은 ________________.

(3) 커피를 마실 때 ________________.

(4) 같은 지역이라도 ________________.

듣고 쓰기

1. 안나와 마테오의 대화예요. 듣고 물음에 답해 보세요. 11

(1) 마테오에 대해 들은 내용으로 알맞은 것을 골라 보세요.

① 할인 정보를 잘 찾아서 문화생활비를 적게 써요.

② 마음먹으면 문화생활비를 아낄 수 있다고 생각해요.

③ 문화생활비를 많이 쓰지 않고 생활비도 조금만 써요.

(2) 다시 듣고 마테오가 안나에게 보내는 메시지를 써 보세요.

마테오

안나 씨, 아까 이야기한 게 생각나서 메시지 보내요. 먼저 한 달 동안의 계획을 미리 세워서 영화와 공연 관람을 ① ______________ 학생 할인 혜택을 받아 보세요. 그리고 문화 센터와 도서관에 무료 영화나 공연이 있으니까 찾아보세요. 제가 인터넷 링크를 보낼게요. 또 매월 마지막 주 수요일에는 관람 요금을 할인해 주니까 꼭 보고 싶은 건 그때 보세요. 이번 달부터 이렇게 ② ______________ 생활비가 훨씬 줄 거예요.

오후 2:10

2. 1인 방송이에요. 듣고 물음에 답해 보세요. 12

(1) 알뜰왕이 보여 준 모임 통장으로 알맞은 것을 골라 보세요.

①

②

③

(2) 다시 듣고 들은 내용을 써 보세요.

알뜰왕이 모임 회비를 편리하게 관리하는 방법에 대해 소개한다. 모임을 할 때 어떤 모임이든지 시간, 장소를 정하는 것도 회비를 모으는 것도 귀찮은 일이다. 그래서 오늘은 모임 통장을 소개한다. 모임 통장이란 ① ______________. 모임 통장을 이용하면 사람들을 모임 통장으로 편하게 초대할 수 있고 돈을 함께 모으는 사람들이 ② ______________. 알뜰왕은 일 년 이상 꾸준히 모임 통장을 사용하고 보니 편리함을 느꼈다고 한다. ③ ______________ 회비를 내라고 알리는 불편함도 줄었다고 한다.

말하기

1. 다음을 읽고 ⓐ, ⓑ에 들어갈 말로 알맞은 것을 골라 보세요.

> 여러분은 겨울 코트를 저렴하게 사기 위해 더운 여름에 산 적이 있습니까? 저희 팀은 물건을 싸게 살 수 있는 방법으로 이월 상품 구매에 대해 소개하겠습니다. 이월 상품이란 그것이 만들어진 해에 팔리지 못한 상품을 말합니다. 이월 상품을 사면 _____ⓐ_____ 좋습니다. 예전에는 비싼 옷이나 가방만 이월 상품으로 구입할 수 있었지만 요즘은 다양한 상품들을 살 수 있습니다. 특히 요즘은 질 좋은 상품을 _____ⓑ_____ 할인 매장에서든지 온라인에서든지 편리하게 구매가 가능합니다. 이에 따라 이월 상품 구매는 쇼핑비를 절약할 수 있는 대표적인 방법이 되고 있습니다. 이상으로 저희 팀의 발표를 마치겠습니다. 감사합니다.

① ⓐ 신제품이었을 때보다 싸게 살 수 있기 때문에 ⓑ 빠르게 검색하거니와

② ⓐ 반값으로 할인하는 만큼 싸게 구입할 수 있으니까 ⓑ 저렴하게 살 수 있거니와

③ ⓐ 제때 판매하는 것보다 저렴하게 구매할 수 있어서 ⓑ 싸게 구입할 수 있거니와

2. 다음 물음에 답해 보세요.

(1) 과소비하는 자신의 소비 습관에 대해 표현하는 말로 알맞은 것을 골라 보세요. 말하기 기능

> A ____.
>
> B 난 돈이 생기면 예금부터 하고 보거든. 그래서 과소비는 거의 안 하는 편이야.

① 내가 버는 돈의 금액이 점점 줄어들고 있어서 큰일이야

② 내 월급을 생각하면 돈을 많이 안 쓰게 돼서 고민이 없어

③ 내 수입을 생각 안 하고 돈을 너무 많이 쓰고 나서 후회해

(2) 잘못된 소비 습관을 고치기 어려움을 표현하는 말로 알맞은 것을 골라 보세요. 말하기 기능

> A ____.
>
> B 맞아. 소비 습관을 바꾸는 건 쉽지 않아.

① 다시는 돈을 펑펑 쓰지 않겠다고 굳게 마음을 먹어 봐야겠어

② 돈을 아끼려고 결심하면 돈을 낭비하는 습관을 고칠 수 있었어

③ 불필요하게 돈을 쓰는 소비 습관을 고치려고 했지만 소용없었어

(3) 자신의 소비 습관에 대해 말하고 잘못된 소비 습관을 고치기 어려움을 말하는 대화를 완성해 보세요. 그리고 말해 보세요.

올리버가 새로 산 캠핑 의자에 대해 말하세요. 그리고 올리버의 소비 습관에 대해서 듣고 잘못된 소비 습관을 고치기가 어렵다고 말하세요.

취미 생활에 돈을 몽땅 쓰는 소비 습관이 있어요. 이런 소비 습관을 고치기 어려움을 말하세요. 다샤의 대답을 듣고 자신에게 맞는 절약 방법을 알아보겠다고 말하세요.

1 **새로 산 물건에 대해 말하기**

캠핑 용품 | 보다 + 마음 | 들다 + 사다

다샤 올리버, 이게 뭐야? 캠핑 의자 아니야?

올리버 응. ① ____

____.

다샤 그런데 캠핑 의자는 이미 있잖아. 디자인도 색깔도 비슷한 거 같은데 아니야?

2 **취미 생활에 돈을 몽땅 쓰는 자신의 소비 습관 말하기**

나 | 내 취미인 캠핑 | 관련 있다 + 비용 | 생각하다 × + 돈 | 쓰다 + 고민이다

올리버 맞아. 사고 보니까 집에 있는 것과 비슷해서 후회되긴 했어.

② ____

____

______________________. 넌 어때?

다샤 난 생활비 달력도 쓰고 지출액도 꼼꼼하게 점검하거든. 그래서 취미 생활에 돈을 다 쓰지 않아.

3 **잘못된 소비 습관을 고치기 어려움을 말하기**

캠핑 용품 | 사는 데 돈 | 몽땅 쓰다 × + 결심하다 + 고치다 ×

올리버 ③ ____

____.

다샤 맞아. 소비 습관을 바꾸는 건 쉽지 않아. 나도 생활비 달력과 가계부를 쓰기 전에는 과소비하는 습관을 고치기가 힘들었어. 너도 너한테 잘 맞는 방법을 찾아봐.

4 **자신에게 맞는 절약 방법을 알아볼 것 말하기**

나 | 무작정 습관 | 고치다 + 하지 말다 + 어떤 절약 방법 | 나 | 맞다 + 고민해 보다

올리버 그렇구나. ④ ____

____

____.

읽고 쓰기

1. 다음을 읽고 물음에 답해 보세요.

소비 습관을 개선한 우수 사연 소개

자신에게 익숙한 소비 습관을 바꾸는 것은 쉬운 일이 아닙니다. 그렇지만 잘못된 소비 습관을 바꾸려는 분들이 많습니다. 이런 분들에게 도움을 드리기 위해 소비 습관을 바꾼 젊은이들의 사연을 들어 봤습니다.

1. 22살 대학생 김은지 씨

[가] 고등학생 때부터 소셜 미디어에 제가 살 물건을 공유해 왔습니다. 공책, 음료처럼 작은 것을 살 때도 소셜 미디어에 질문을 올리면 그걸 본 사람들이 사지 말라고 하거나 싸게 사는 방법들을 알려 줬습니다. 처음에는 이 절약법이 저에게 잘 맞는다고 생각했지만 점점 사람들에게 의존하게 돼 버렸습니다.

[나] 문제를 깨달은 후에 소비에 대해 스스로 판단하기로 했습니다. 물건을 사기 전에는 예산을 정하고 꼭 필요한 것인지 여러 번 생각해 보고 샀습니다. 그렇게 혼자 소비를 조절하게 되고 나서 절약법을 알려 주는 소셜 미디어를 보지 않게 되었습니다.

2. 26살 직장인 윤민수 씨

[다] 저는 요즘 활력 있는 삶을 되찾기 위해 소비를 늘리고 있습니다. 전에 다니다가 그만둔 헬스장에 다시 등록하고 연락이 끊긴 친구들에게 제가 먼저 연락해서 친구들을 만나고 있습니다. 이렇게 하다 보니 우울하던 마음도 밝아지고 있습니다.

[라] 8개월 전에 취직한 저는 월급을 다 모으고 싶었습니다. 그래서 회사 외에는 아무 데도 안 갔습니다. 친구들의 연락을 피했고 모임에도 나가지 않았습니다. 그러면서 일주일 동안 돈을 전혀 쓰지 않거나 만 원으로 생활하는 목표를 이루고 기뻐했습니다. 그런데 점점 우울해지고 건강도 나빠졌습니다. 그래서 잘못을 깨닫고 절약 방법을 바꿔야겠다고 생각한 것입니다.

(1) 다음에서 내용적으로 같은 단락을 묶고 중심 내용을 알맞게 쓴 것을 골라 보세요. 읽기 전략

① [가], [다] : 잘못된 절약 방법을 적절하게 바꿨다.

② [나], [라] : 적절한 절약 방법을 가지려고 노력했다.

③ [가], [라] : 과거에 잘못된 절약 방법을 가지고 있었다.

2. 다시 읽고 물음에 답해보세요.

(1) 이 글에 대한 설명으로 알맞은 것을 골라 보세요.

① 우울함을 극복하려는 사람들에게 도움이 된다.

② 잘못된 소비 습관을 바꾼 젊은이들의 사연이다.

③ 사연 중에 가장 많은 공감을 얻은 사연을 소개했다.

(2) 김은지 씨의 사연 내용으로 알맞은 것을 골라 보세요.

① 이제 스스로 판단하고 소비하지만 가끔 소셜 미디어를 본다.

② 고등학생 때 물건을 사기 전에 소셜 미디어에 조언을 구했다.

③ 소셜 미디어를 이용한 절약법은 처음부터 김 씨에게 맞지 않았다.

(3) 윤민수 씨의 사연 내용으로 맞지 않는 것을 골라 보세요.

① 취직하자마자 돈을 아끼려고 다니던 헬스장에도 가지 않았다.

② 8개월 전에 돈을 벌게 됐지만 돈이 없어서 친구들과 어울리지 않았다.

③ 취직 후에 일주일 동안 돈을 하나도 안 쓰거나 만 원만 쓰는 게 목표였다.

3. 1을 바탕으로 글을 써 보세요.

	지나친 절약 소비
잘못된 소비 습관	수입은 고정적인데 물가가 올라 힘들어하는 사람들이 많다. 그러다 보니 절약을 실천하는 젊은이들도 많아지고 있다. 그렇지만 어떤 젊은이들의 절약법은 특이하기도 하고 지나치기도 하다.
그 소비 습관에 해당하는 사례 ①	22살 김 모 씨는 대학생으로 소셜 미디어에 자기가 살 물건에 대해 공유해 왔다.
그 소비 습관에 해당하는 사례 ②	26살 윤 모 씨는 직장인으로 월급을 다 모으고 싶어 했다.
그 소비 습관에 대한 생각	경기가 좋지 않은 시대에 절약은 필수가 되고 있다. 그렇지만 무리한 절약으로 건강하지 못한 삶을 살고 있다면 그 절약법이 진정 자기를 위한 것인지 돌아봐야 할 것이다.

부록

문법 설명

듣기 지문 및 정답

문법 설명

1 단원 만남과 시작

1. A/V-아/어서인지

의미

▶ **형용사, 동사, '이다'와 함께 쓰여 이유를 추측함을 나타내요.**

예
- A 엘렌은 옷을 멋있게 잘 입는 것 같아요.
  B 네. 패션에 관심이 많**아서인지** 옷을 잘 입어요.
- A 왜 그래요? 몸이 안 좋아요?
  B 네. 아까 점심을 급하게 먹**어서인지** 배탈이 났어요.
- A 여기 이 영상 좀 보세요. 재미있어요.
  B 음……. 화면이 어두워**서인지** 잘 안 보이네요.
- A 요즘 안나의 한국어 실력이 좋아진 것 같아.
  B 응. 룸메이트가 한국 사람이**어서인지** 한국어가 많이 늘었어.

유의

◆ **'이다'와 함께 쓰일 때 앞의 명사에 받침이 있으면 '이어서인지/이라서인지', 받침이 없으면 '여서인지/라서인지'라고 써요.**

예
- 오늘이 주말이어서인지/주말이라서인지 쇼핑몰에 사람이 많네요.
- 여기는 유명한 학교여서인지/학교라서인지 학생들의 실력이 뛰어나요.

◆ **'-아/어서인지'는 '-아/어서 그런지'로 바꿔 쓸 수 있어요.**

예
- 이 근처에서 축제를 해서인지 사람이 많네요.
  = 이 근처에서 축제를 해서 그런지 사람이 많네요.
- 유학 간 딸이 걱정스러워서인지 어머니가 매일 연락하세요.
  = 유학 간 딸이 걱정스러워서 그런지 어머니가 매일 연락하세요.

◆ **'-았/었-', '-겠-'과 함께 사용될 수 없어요.**

예 • 신입생 때는 대학 생활이 낯설었어서인지 힘든 점이 많았어요. (×)

• 다음 주에 여행을 가겠어서인지 모두들 기분이 좋아요. (×)

2. A/V-(으)ㄴ/는 셈이다

의미

▶ **형용사, 동사, '이다'와 함께 쓰여 상황을 따지거나 계산해 본 결과가 어떤 상황과 같음을 나타낼 때 사용돼요.**

예 • A 평소에는 카페 손님이 100명 정도인데 오늘은 200명 넘게 왔네요.
B 네. 손님이 많았어요. 그래서 오늘 수입도 두 배 정도 많**은 셈이에요**.

• A 드라마 다 봤어요?
B 아직요. 그런데 50분 중에서 45분 정도 봤으니까 거의 다 본 **셈이에요**.

• A 이게 원래 40,000원인데 지금 세일을 해서 22,000원에 팔고 있어요.
B 그래요? 반값에 파**는 셈이네요**.

• A 서울이 고향이에요?
B 원래 부산에서 태어나긴 했는데 한 살 때 서울에 와서 계속 살았어요. 서울이 고향인 **셈이죠**.

유의

◆ **'-(으)ㄴ/는 것과 마찬가지다'로 바꿔 쓸 수 있어요.**

예 • 이 식당의 메뉴 중에서 두 가지만 안 먹어 봤으니까 거의 다 먹은 셈이에요.
= 이 식당의 메뉴 중에서 두 가지만 안 먹어 봤으니까 거의 다 먹은 것과 마찬가지예요.

• 진차오와 엘렌은 시험 점수 차이가 0.5점밖에 안 났다. 성적이 거의 같은 셈이었다.
= 진차오와 엘렌은 시험 점수 차이가 0.5점밖에 안 났다. 성적이 거의 같은 것과 마찬가지였다.

3. A/V-듯(이)

의미

▶ **형용사, 동사, '이다'와 함께 쓰여 앞 절의 내용이 뒤 절의 내용과 거의 같음을 나타내요.**

예 • A 어떻게 하면 인간관계가 좋아질 수 있을까요?
B 내 삶이 소중하**듯이** 다른 사람의 삶도 소중하다는 것을 먼저 생각해야 됩니다.

• A 조슈아 씨, 삼계탕을 좋아해요?
B 네. 좋아해요. 미국에도 비슷한 음식이 있거든요. 한국에서 삼계탕을 먹**듯이** 미국에서는 닭고기 수프를 먹어요.

• A 여러분이 이미 알고 있**듯이** 이번 시험은 매우 중요합니다. 최선을 다해서 준비하기 바랍니다.
B 네. 알겠습니다.

• A 스트레스가 많은 직장인들에게는 잘 쉬는 게 정말 중요한 것 같습니다.
B 그렇습니다. 건강한 몸의 필수 조건이 운동이**듯** 건강한 마음의 필수 조건은 휴식이죠.

유의

◆ **주로 비유적으로 사용돼요.**

예 • 장마 때는 물 붓듯이 비가 오기도 해요.
• 바람이 부니까 나무들이 춤추듯이 흔들렸다.

◆ **'물 쓰듯이 돈을 쓰다', '눈 녹듯이 화가 풀리다', '비 오듯이 땀을 흘리다', '물 흐르듯이 말하다', '밥 먹듯이 거짓말을 하다', '제집 드나들듯이 하다', '가뭄에 콩 나듯이 하다', '불 보듯이 뻔하다', '이 잡듯이 뒤지다', '게 눈 감추듯이 먹다'와 같이 관용 표현으로 자주 쓰여요.**

예 • 요즘 경제가 안 좋아서 사업을 시작하는 사람들이 가뭄에 콩 나듯이 해요.
• 내 동생은 하루 종일 게임만 하니까 이번 시험에서 떨어질 게 불 보듯이 뻔해요.
• 경찰들이 이 근처를 이 잡듯이 뒤져서 교통사고 낸 사람을 찾았대요.
• 그 아이는 며칠을 굶었는지 밥을 게 눈 감추듯이 먹었다.

◆ **속담이나 격언 등을 인용할 때 자주 쓰여요.**

예 • 입에 쓴 약이 병에는 좋듯이 듣기 싫은 말이 자신에게 도움이 된다.
• 옛말에 '가는 말이 고와야 오는 말이 곱다'고 했듯이 남에게 먼저 말이나 행동을 좋게 해야 합니다.

4. A/V-(으)며

의미

▶ **형용사, 동사, '이다'와 함께 쓰여 둘 이상의 사실을 대등하게 나열할 때 사용돼요. 또는 동사와 함께 쓰여 둘 이상의 행동을 동시에 하고 있음을 나타내요.**

예
- A 오늘 날씨는 어떻습니까?
  B 하루 종일 흐리**며** 바람이 많이 불겠습니다.

- A 두 분은 처음에 어떻게 친해지셨어요?
  B 우리는 서로 얼굴도 보기 전부터 메시지를 주고받**으며** 친해졌어요.

- A 작가님, 이번에 새로운 책을 내셨죠?
  B 네. 제가 1년 동안 제주도에서 살**며** 느낀 걸 써 봤습니다.

- A 부모들이 자녀들을 잘 키워야 합니다.
  B 맞습니다. 아이들은 미래의 주인공이**며** 희망이니까요.

유의

◆ **'-(으)면서'와 의미가 비슷하지만 '-(으)며'는 문어적이고 격식적인 표현이에요.**

예
- 올리버는 음악을 들으면서 혼자 점심을 먹고 있어요.
- 점심시간에 음악을 들으며 혼자 점심을 먹는 학생들이 늘어나고 있습니다.
- 쇼타는 고등학교 때 시험 성적도 좋았으면서 운동도 잘했어요.
- 그는 고등학교 때 항상 1등을 놓치지 않았으며 운동 실력도 뛰어났다.

5. A/V-(으)ㄹ 뿐이다

의미

▶ **형용사, 동사, '이다'와 함께 쓰여 앞 내용 외에는 더 없음을 나타낼 때 사용돼요.**

예
- A 저 농구 선수는 키가 작은데 농구를 잘하네요.
  B 네. 실력이 정말 뛰어나요. 키가 작**을 뿐이에요**.

- A 오늘은 물건이 잘 안 팔려요?
  B 네. 손님들이 구경만 할 **뿐이고** 사지는 않네요.

- A 왜 국을 안 드세요? 맛이 없어요?
  B 아뇨. 맛있는데 좀 뜨거울 **뿐이에요**. 조금 식은 후에 먹으려고요.

- A 김지훈 씨는 인기 가수라서 보통 사람들과는 다른 삶을 사실 것 같은데요.
  B 아닙니다. 저도 그냥 평범한 사람일 **뿐입니다**.

유의

◆ **명사와 함께 쓸 때는 'N뿐이다'의 형태로 사용돼요.**

예
- 내가 지금 믿을 수 있는 사람은 너뿐이야.
- 그때 우리가 할 일은 최선을 다하는 것뿐이었다.

2 단원 즐거운 여가 생활

1. A/V-(ㄴ/는)다면서요?

의미

▶ **형용사, 동사와 함께 쓰여 다른 사람에게 들은 내용을 듣는 사람에게 물어서 확인할 때 사용돼요. '이다'는 '(이)라면서요?'로 사용돼요.**

예
- A 쇼타 씨, 진차오한테 들었는데 쇼타 씨 동생이 성격이 좋**다면서요**?
  B 네. 그래서인지 동생 주변에 항상 사람들이 많아요.

- A 올리버 씨, 상우가 그러던데 내일 호주에 간**다면서요**?
  B 네. 호주에서 급하게 해결해야 할 일이 생겨서요.

- A 조슈아 씨, 집이 학교에서 멀**다면서요**?
  B 그랬는데 지난달에 학교 앞으로 이사해서 이제 괜찮아요.

- A 진영 씨, 언니가 의사**라면서요**?
  B 아니에요. 저희 언니는 간호사예요.

유의

◆ **'-ㄴ/는다면서요?'는 친구나 아랫사람에게 말할 때 '-ㄴ/는다며?'로 바꿔 쓸 수 있지만 '-ㄴ/는다며요?'로는 쓸 수 없어요.**

예 • 다음 달에 결혼한다면서? (○)
다음 달에 결혼한다며? (○)
다음 달에 결혼한다며요? (×)

2. 어찌나 A/V-(으)ㄴ/는지

의미

▶ **형용사, 동사, '이다'와 함께 쓰여 뒤의 결과를 가져온 앞의 상태나 정도가 상당함을 나타낼 때 사용돼요. '어찌나' 대신에 '얼마나'와 함께 쓰이기도 해요.**

예 • A 안나 씨, 병원 잘 다녀왔어요?
B 네. 그런데 병원에 환자가 **어찌나** 많**은지** 예약하고 갔는데도 한 시간이나 기다려야 했어요.

• A 공연을 보셨는데요. 보신 소감이 어떻습니까?
B 참가자들이 모두 다 춤을 **어찌나** 잘 추**는지** 대회가 아니라 잘 만들어진 공연을 보는 느낌이었습니다.

• A 오늘 아침에 길이 **얼마나** 미끄러**운지** 학교에 올 때 넘어질 것 같아서 혼났어요.
B 맞아요. 도로 곳곳에 언 곳이 많아서 교통사고도 많이 났대요.

• A 옷이 왜 그렇게 다 젖었어요?
B 말도 마세요. 비바람이 **얼마나** 세게 부**는지** 우산을 써도 소용이 없었어요.

유의

◆ **동사 앞에는 '많이', '잘' 등과 함께 써야 자연스러워요.**

예 • 오늘 점심을 어찌나 많이 먹었는지 저녁 식사 시간이 지났는데도 배가 고프지 않아요.

• 친구가 사진을 얼마나 잘 찍는지 찍는 사진마다 작품이다.

◆ **'-겠-'과 함께 사용할 수 없어요.**

예 • 그곳에 가면 하늘이 어찌나 아름답겠는지 모른다. (×)

• 비가 얼마나 많이 오겠는지 하늘이 흐려요. (×)

◆ **'어찌나 -(으)ㄴ/는지 모르다', '얼마나 -(으)ㄴ/는지 모르다' 구성으로 쓰여 앞의 상황이 상당함을 강조해요.**

예 • 그 배우가 연기를 어찌나 실감 나게 잘하는지 몰라요.

• 이 향수는 향이 얼마나 좋은지 몰라.

3. A/V-고 해서

의미

▶ **형용사, 동사, '이다'와 함께 쓰여 앞 내용이 뒤 내용의 여러 이유 가운데 하나임을 나타낼 때 사용돼요.**

예 • A 올리버 씨, 어제 친구는 잘 만났어요?
B 아니요. 저도 어제 몸이 좀 안 좋았는데 친구도 회사 일로 바쁘**고 해서** 다음에 만나기로 했어요.

• A 안나 씨, 오늘 수업 끝나고 뭐 해요?
B 글쎄요. 저녁 약속까지 시간도 남**고 해서** 카페에서 책 좀 읽을까 하는데요.

• A 마테오 씨, 어디 가요?
B 날씨도 덥**고 해서** 수영장이나 가려고요.

• A 부장님, 다음 토요일이 어머니 생신이**고 해서** 고향에 가려고 합니다. 금요일에 휴가를 낼 수 있을까요?
B 네. 그렇게 하세요. 잘 다녀오세요.

유의

◆ **'-고 -고 해서'는 두 가지 이상의 이유를 나열할 때 사용돼요.**

예 • 언어도 배우고 다른 문화도 경험하고 싶고 해서 유학을 가려고 해요.

• 할 일은 많은데 집에 손님이 와서 시끄럽고 집중도 안 되고 해서 카페에 다녀왔어요.

◆ **'-고 해서'와 결합하는 주어 및 목적어에 '도'가 결합하는 경우가 많아요.**

예 • 저는 외국에서 유학한 경험도 있고 해서 한국에서 생활하는 엘렌 씨가 지금 어떤 마음인지 알 것 같아요.

• 저녁에 밥도 많이 먹었고 해서 9시쯤 산책이나 갔다 오려고요.

4. N(이)면

의미

▶ **명사와 함께 쓰여 둘 이상의 사물을 지정하여 예로 들어 말하고자 하는 내용을 강조할 때 사용돼요. 지정하여 예로 드는 것이 두 가지 이상이 돼야 하며 'N(이)면 N, N(이)면 N'의 형태로 사용돼요.**

예
- A 방학 때 여행을 가고 싶은데 어디가 좋을까?
  B 요즘 같은 날씨에는 산**이면** 산, 바다**면** 바다 어디든지 다 좋지.
- A 우리 백화점에 가서 쇼핑할래요?
  B 백화점요? 글쎄요. 백화점은 옷**이면** 옷, 가방**이면** 가방 다 비싸잖아요.
- A 엘렌 씨, 자기소개서에 5개 국어를 할 줄 안다고 써 놓았는데 맞습니까?
  B 네. 그렇습니다. 영어**면** 영어, 중국어**면** 중국어 모두 다 자신 있습니다.
- A 올리버 씨, 요즘 회사 일이 많이 바빠요?
  B 네. 평일**이면** 평일, 주말**이면** 주말 안 바쁜 날이 없어요.

유의

◆ **두 가지 이상을 예로 들어야 돼요.**

예
- 이 식당은 냉면이면 냉면, 갈비탕이면 갈비탕 맛없는 음식이 없어요. (○)
- 이 식당은 냉면이면 냉면 맛없는 음식이 없어요. (×)

◆ **뒤 절에는 주로 '-는 게 하나도 없다', '모두', '다' 등의 표현이 함께 사용돼요.**

예
- 제 동생은 운동이면 운동, 공부면 공부 못하는 게 하나도 없어요.
- 우리 가게는 평일이면 평일, 휴일이면 휴일 모두 영업합니다.
- 아들이면 아들, 딸이면 딸 다 바빠서 얼굴을 보고 이야기할 시간이 없어요.

5. A-(으)ㄴ가요?/V-나요?

의미

▶ **'-(으)ㄴ가요?'는 형용사, '이다'와 함께 쓰이고 '-나요?'는 동사와 함께 쓰여 부드럽고 친절하게 질문할 때 사용돼요. 주로 구어에서 사용돼요.**

예 • A 이 방에서 6인 가족이 묵으면 너무 좁**은가요?**
B 아니요. 8인까지 묵을 수 있는 방이라서 괜찮을 겁니다.

• A 요즘 어떤 옷이 많이 팔리**나요?**
B 이 노란색 스웨터가 요즘 잘 나가요.

• A 공항 버스를 타려고 하는데요. 어디에서 타는지 아**나요?**
B 네. 호텔에서 나가셔서 길을 건너시면 바로 정류장이 있습니다.

• A 저기 보이는 저 사람은 한국에서 유명한 사람인**가요?**
B 네. 한국에서 유명한 가수예요.

유의

◆ **'-나요'는 '-았/었-', '-겠-'과 함께 사용할 수 있지만 '-(으)ㄴ가요'는 '-았/었-', '-겠-'과 함께 사용할 수 없어요.**

예 • 올리버 씨는 퇴근했나요? (○)
• 올리버 씨, 지난주에 일이 많았는가요? (×)

예 • 이렇게 어려운 문제를 학생들이 풀겠나요? (○)
• 학생들에게 이 문제가 어렵겠는가요? (×)

3 단원 변화하는 사회

1. A/V-(으)ㄹ수록

의미

▶ **형용사, 동사, '이다'와 함께 쓰여 앞의 상황이나 정도가 더 심해질 경우 뒤의 결과나 상황도 그에 비례하여 더하거나 덜하게 됨을 나타낼 때 사용돼요.**

예 • A 손님, 어떤 노트북을 찾으세요?
B 매일 들고 다닐 거라서 무게가 가볍고 작**을수록** 좋아요.

• A 미역국이 어제보다 더 맛있네요.
B 그렇죠? 국은 오래 끓**일수록** 국물이 더 맛있어지는 것 같아요.

- A 엘렌 씨, 요즘 매일 걷는다면서요?
  B 네. 저녁마다 공원에 가는데요. 처음엔 힘들었는데 걸**을수록** 건강해지는 걸 느껴요.

- A 선생님, 이 문제가 너무 안 풀려요.
  B 어려운 문제**일수록** 너무 빨리 풀려고 하지 말고 천천히 생각해 보세요.

유의

◆ **'-았/었-', '-겠-'과 함께 사용할 수 없어요.**

예
- 쇼타가 왜 그런 말을 했는지 생각했을수록 자꾸 화가 난다. (×)
- 이 영화는 보겠을수록 더 잘 이해할 수 있을 거예요. (×)

◆ **'-(으)면 -(으)ㄹ수록'의 형태로도 사용돼요.**

예
- 모든 일은 기대가 크면 클수록 실망도 커집니다.
- 이 음식은 처음에는 별로였는데 여러 번 먹으면 먹을수록 맛있는 것 같아요.

◆ **'갈수록'은 '시간이 지나면서 점점 더'의 의미를 가진 단어로 사용되기도 해요.**

예
- 한국어 공부가 갈수록 어려워져요.
- 처음에 다섯 명이던 회원 수가 갈수록 늘어나서 지금은 천 명이 넘는다.

2. A/V-더니

의미

▶ **형용사, 동사, '이다'와 함께 쓰여 과거에 관찰해 알게 된 사실에 대해 반대되는 사실을 나타낼 때 사용돼요. 또한 앞의 행동에 뒤이은 상황이나 행동을 나타낼 때도 사용돼요.**

예
- A 이 드라마 어때요? 재미있어요?
  B 아니요. 처음에는 드라마가 재미있**더니** 시간이 지날수록 재미없네요.

- A 아까 마테오 씨가 왜 웃었어요?
  B 저도 모르겠어요. 창문 밖을 보**더니** 갑자기 웃기 시작했어요.

- A 올리버가 차 문을 열**더니** 밖으로 다시 나왔어.
  B 뭘 놓고 갔나 보다.

- A 이번에 들어온 신입 사원은 어떻습니까?
  B 입사할 때는 모든 일에 적극적이**더니** 지금은 힘든지 의욕이 없습니다.

유의

◆ **앞 절과 뒤 절의 주어나 화제가 같아야 돼요.**

예 • 동생이 작년에는 커피를 자주 마시더니 (동생이) 요즘에는 차를 자주 마셔요. (○)
동생이 작년에는 커피를 자주 마시더니 언니가 요즘에는 차를 자주 마셔요. (×)

- 조금 전까지 비가 내리더니 지금은 눈이 온다. (○)
  조금 전까지 비가 내리더니 지금은 잠이 온다. (×)

◆ **앞 절과 뒤 절의 주어는 대부분 3인칭이며, 2인칭도 가끔 사용돼요.**

예 • 루이즈가 매운 음식을 잘 못 먹더니 이제는 잘 먹습니다.

- 너는 지난번엔 휴대 전화를 잃어버리더니 이번엔 지갑을 잃어버린 거야?

◆ **사람의 심리나 기분, 감정, 또는 감각을 나타내는 형용사와 함께 쓸 때는 1인칭 주어가 사용돼요.**

예 • (저는) 처음에는 상을 받아 기쁘더니 시간이 지날수록 잘해야 된다는 마음에 부담됩니다.

- (내가) 모기에 물려서 아까는 가렵더니 약을 바르니까 괜찮아졌다.

◆ **뒤 절에 명령문이나 청유문을 사용할 수 없어요.**

예 • 텔레비전을 켜더니 바로 끄세요. (×)

- 과일을 씻더니 같이 먹자. (×)

◆ **뒤 절에 미래 시제를 사용할 수 없어요.**

예 • 올리버가 사무실에 들어오더니 다시 나가겠습니다. (×)

- 다샤가 교실에 오더니 자리에 앉을 것이다. (×)

◆ **과거에 관찰하여 알게 된 사실에 대해 결과를 나타낼 때도 사용돼요.**

예 • 동생이 밥을 급하게 먹더니 체한 모양이다.

- 그 선수는 매일 열심히 연습하더니 이번 경기에서 우승을 했습니다.

3. A/V-(으)ㄴ/는 대로

의미

▶ **형용사, 동사와 함께 쓰여 앞 내용의 동작이나 상태와 같은 모양임을 나타내요. 명사는 'N대로'로 사용돼요.**

예
- A 월급은 적고 물가는 너무 비싸서 걱정이에요.
  B 그냥 월급이 적으면 적**은 대로** 생활비를 아끼면서 살아야 될 것 같아요.
- A 어떡하죠? 책을 안 가져왔어요.
  B 일단 수업이 시작됐으니까 급한 **대로** 제 책을 같이 봐요.
- A 면접은 어땠어요? 괜찮았어요?
  B 생각하지 못한 질문이 나와서 좀 당황했지만 그냥 아**는 대로** 대답하고 나왔어요.
- A 어제 유나 동생을 봤다면서?
  B 응. 유나한테 들**은 대로** 정말 귀엽고 눈웃음이 예쁘던데.

유의

◆ **'-았/었-', '-겠-'과 함께 사용할 수 없어요.**

예
- 엘렌이 알았는 대로 이야기했어요. (×)
- 집에서 입을 거라서 옷이 크겠는 대로 입어도 돼요. (×)

◆ **앞 절에 부정 표현을 사용할 수 없어요.**

예
- 이 안경을 쓰고 안 보이는 대로 이야기해 주세요. (×)
- 위칭이 추천하지 않는 대로 그 책을 사려고 해요. (×)

◆ **형용사와 같이 사용될 때 '-(으)ㄴ 대로' 앞에 사용된 형용사가 반복해 나타날 수 있어요.**

예
- 기분이 나빠도 나쁜 대로 그냥 참고 끝까지 수업을 들었어요.
- 방이 넓으면 넓은 대로 청소하기 힘들고, 좁으면 좁은 대로 답답할 것 같아서 걱정이다.

◆ **명사는 'N대로'로 사용돼요.**

예
- 우리는 계획대로 유럽으로 배낭여행을 갔다.
- 설명서대로 했는데 에어컨이 작동이 안 돼요.

◆ **앞 절의 행동이 끝나고 곧바로 다른 행동을 한다는 의미를 나타낼 때도 사용될 수 있어요. 이때는 동사와 함께 사용되고 '-는 대로'만 사용돼요.**

예 • 회사에 도착하는 대로 연락드리겠습니다.

• 그 이야기를 듣는 대로 바로 저에게도 이야기해 주세요.

4. N(이)란

의미

▶ **명사와 함께 쓰여 설명하려고 하는 어떤 대상을 화제로 해서 이야기할 때 사용돼요.**

예 • A 쇼타 씨, 건강한 사람**이란** 어떤 사람일까요?
B 제가 생각하는 건강한 사람**이란** 신체뿐만 아니라 마음까지 건강한 사람입니다.

• A 안나 씨에게 책은 어떤 의미가 있어요?
B 글쎄요. 저에게 책**이란** 매일 제 옆에 있는 친구와 같아요.

• A 요즘 사람들은 휴대 전화로 많은 걸 하죠?
B 네. 이제 사람들에게 휴대 전화**란** 삶에 없어서는 안 되는 필수품이라고 생각합니다.

• A 루이즈 씨, 조금 전에 선생님이 뭐라고 하셨어요? 제가 선생님 말을 놓쳤어요.
B 다음 수업 시간에 나에게 한국어**란** 무엇인지 이야기해 볼 거라고 하셨어요.

유의

◆ **'(이)란'은 주어 자리에만 사용할 수 있지만 '은/는'은 주어 자리 이외에도 사용할 수 있어요.**

예 • 친구란 나에게 힘이 되어 주는 사람이다.
친구는 나에게 힘이 되어 주는 사람이다.

• 내 친구가 한국 음식이란 잘 만든다. (×)
내 친구가 한국 음식은 잘 만든다. (○)

◆ **'(이)란'은 대조의 기능이 없지만 '은/는'은 대조의 기능이 있어요.**

예 • 상우가 축구는 못하지만 농구란 잘한다. (×)
상우가 축구는 못하지만 농구는 잘한다. (○)

5. N에 따르면

의미

▶ **명사와 함께 쓰여 어떤 상황이나 사실, 기준을 근거로 정보의 출처를 밝히거나 인용할 때 사용돼요.**

예
- A 여기가 교통사고가 일어난 장소가 맞습니까?
  B 네. 그 사고를 본 사람들**에 따르면** 여기가 분명히 맞다고 했습니다.
- A 다리를 다쳐서 그동안 경기에 나오지 못한 이강은 선수 이야기를 전해 주시죠.
  B 네. 한 관계자의 말**에 따르면** 이강은 선수가 몸이 회복돼 다음 주부터 경기에 나온다고 합니다.
- A 조금 전에 본 뉴스**에 따르면** 오늘 밤에 눈도 많이 오고 기온도 떨어진다고 하네요.
  B 정말요? 집에 갈 때 조심해야겠어요.
- A 새해를 맞아 사람들의 새해 목표에 대해 설문 조사를 했다고 하죠?
  B 네. 설문 조사 결과**에 따르면** 규칙적으로 운동하겠다고 한 사람이 제일 많았다고 합니다.

유의

◆ **큰 의미 차이 없이 'N에 의하면'으로 바꿔 쓸 수 있어요.**

예
- 소문에 따르면 배우 박연수가 이번 드라마까지만 촬영하고 미국으로 유학 갈 거라고 했다.
  = 소문에 의하면 배우 박연수가 이번 드라마까지만 촬영하고 미국으로 유학 갈 거라고 했다.
- 한 조사에 따르면 학교 성적과 경제적인 성공은 직접적인 관계가 없다고 했습니다.
  = 한 조사에 의하면 학교 성적과 경제적인 성공은 직접적인 관계가 없다고 했습니다.

◆ **주로 간접 화법과 함께 사용돼요.**

예
- 의사의 의견에 따르면 건강을 위해 한 달 정도 푹 쉬는 게 좋다고 했다.
- 전문가의 이야기에 따르면 이번 태풍이 제주도를 지나간다고 합니다.

◆ **뒤 절에 명령문이나 청유문을 사용할 수 없어요.**

예
- 어머니의 말씀에 따르면 아침을 꼭 드세요. (×)
- 친구에 따르면 다음 주말에 여행을 가자. (×)

4 단원 인터넷과 생활

1. A/V-던데

의미

▶ **형용사, 동사, '이다'와 함께 쓰여 뒤의 내용과 관련해서 말하는 사람이 과거에 경험해서 알게 됐거나 관찰한 사실을 나타내요. 주로 구어에서 사용돼요.**

예
- A 영화를 보고 싶은데 괜찮은 게 있을까요?
  B 〈작별〉이 인기도 많고 재미있**던데** 그걸 보세요.
- A 마테오 씨, 지난번에 보니까 영어를 잘하**던데** 영어를 전공했어요?
  B 아니요. 전공한 건 아니고 미국에서 2년 동안 살았어요.
- A 소파가 오래되고 낡아서 하나 살까 해.
  B 그래? 요즘 백화점에서 가구를 싸게 팔**던데** 한번 알아봐.
- A 요즘 도서관이 공사 중이**던데** 조용한 카페에 가서 공부할래?
  B 그래. 커피도 마시면서 같이 공부하자.

유의

◆ **뒤 절에는 말하는 사람이 직접 경험하거나 관찰한 사실을 근거로 한 질문, 제안, 명령, 설명이 주로 와요. 그래서 보통 1인칭 주어를 사용하지 않아요.**

예
- 그 향수 냄새가 좋던데 어디에서 산 거예요? (○)
- 위칭이 노래를 잘 부르던데 언제 한번 들어 보세요. (○)
- 나는 일찍 퇴근하던데 상우 씨는 퇴근 안 해요? (×)

◆ **과거에 어떤 사건을 경험하거나 관찰할 당시 이미 그 사건이 끝났음을 나타낼 때는 '-았/었-'과 함께 써요.**

예
- 사람들이 아까 학교 앞에 모였던데 무슨 일이 있나 봐요.
  사람들이 지금 학교 앞에 모이던데 무슨 일이 있나 봐요.
- 학교 앞에 새 카페가 문을 열었던데 같이 가 볼래요?
  다음 주에 학교 앞에 새 카페가 문을 열던데 같이 가 볼래요?

◆ **사람의 감정이나 기분 등을 나타내는 형용사와 함께 쓸 때는 1인칭 주어를 사용해야 돼요.**

예 • 저는 집에 혼자 있으면 심심하던데 제 동생은 집에 혼자 있는 걸 좋아해요. (○)
제 동생은 집에 혼자 있으면 심심하던데 저는 집에 혼자 있는 걸 좋아해요. (×)

2. V-는 바람에

의미

▶ **동사와 함께 쓰여 앞의 행동이 부정적인 결과나 예상하지 못한 결과의 원인, 이유가 됨을 나타낼 때 사용돼요.**

예 • A 여보세요. 제가 좀 늦을 것 같아요. 갑자기 집에 손님이 오**는 바람에** 이제 출발했어요.
B 괜찮아요. 기다리고 있을 테니까 천천히 오세요.

• A 미안한데 오늘 약속을 다음 주로 미룰 수 있을까? 아침에 상한 김밥을 먹**는 바람에** 배탈이 났어.
B 많이 아프겠다. 다음에 만나도 되니까 일단 좀 쉬어.

• A 쇼타, 피곤해 보여. 어제 잠을 못 잤어?
B 응. 친구가 코를 고**는 바람에** 잠을 잘 수가 없었어.

• A 저 집은 어쩌다가 도둑이 들었대요?
B 창문을 열어 놓고 외출하**는 바람에** 도둑이 들었대요.

유의

◆ **주로 부정적인 결과에 사용되지만 예상하지 못한 의외의 긍정적인 결과가 생긴 상황을 강조하기 위해서 사용되기도 해요.**

예 • 몸이 안 좋았는데 마침 약속이 취소되는 바람에 집에서 쉴 수 있었어요.

• 룸메이트가 갑자기 고향에 돌아가는 바람에 방을 혼자 넓게 쓰게 됐어요.

◆ **이미 지나간 일이 원인이 되어 뒤 절의 상황이 발생했음을 나타내기 때문에 뒤 절에는 미래가 올 수 없어요.**

예 • 갑자기 날씨가 추워지는 바람에 감기 환자가 늘었어요. (○)
갑자기 날씨가 추워지는 바람에 감기 환자가 늘 거예요. (×)

◆ **'-았/었-', '-겠-'과 함께 사용할 수 없어요.**

예 • 태풍이 왔는 바람에 지역 축제가 취소됐어요. (×)
태풍이 오겠는 바람에 지역 축제가 취소됐어요. (×)

◆ **뒤 절에 명령문이나 청유문을 사용할 수 없어요.**

예 • 비가 오는 바람에 소풍을 연기해라. (×)

• 지하철이 끊기는 바람에 택시를 타자. (×)

◆ **'-는 바람에'와 '-느라(고)'는 모두 이유나 원인을 나타내지만 아래와 같은 차이가 있어요.**

-는 바람에	-느라(고)
앞 절과 뒤 절의 주어가 같아도 되고 달라도 돼요. • (제가) 밥을 급하게 먹는 바람에 (제가) 배탈이 났어요. (○) • 버스가 늦게 오는 바람에 (제가) 지각했어요. (○)	**앞 절과 뒤 절의 주어가 같아야 돼요.** • (제가) 숙제를 하느라고 (제가) 방 청소를 못 했어요. (○) • 버스가 늦게 오느라고 (제가) 지각했어요. (×)
순간적인 행동을 나타내는 동사나 주어의 의지가 필요하지 않은 동사와 함께 사용할 수 있어요. • 교통사고가 나는 바람에 다리를 조금 다쳤어요. (○)	**순간적인 행동을 나타내는 동사나 주어의 의지가 필요하지 않은 동사와 함께 사용할 수 없어요.** • 교통사고가 나느라고 다리를 조금 다쳤어요. (×)
다른 사람의 노력에 대한 감사를 표시할 때 사용하지 않아요. • 먼 길 오시는 바람에 고생이 많으셨어요. (×)	**다른 사람의 노력에 대한 감사를 표시할 때 사용돼요.** • 먼 길 오시느라 고생이 많으셨어요. (○)

3. A/V-(ㄴ/는)다면

의미

▶ **형용사, 동사, '이다'와 함께 쓰여 어떤 사실이나 상황을 가정해서 말함을 나타내요. 일어날 가능성이 낮거나 사실이 아닌 것을 가정할 때 자주 사용돼요. '이다'는 '(이)라면'으로 쓰여요.**

예 • A 아이가 세 살인데 밤에 잠을 안 자려고 해서 걱정이에요.
B 저녁 8시부터는 불을 꺼서 아이가 잠을 잘 수 있는 분위기를 만들어 보세요. 밤에도 집이 환하**다면** 아이는 계속 놀려고 할 겁니다.

• A 이 약을 먹어도 열이 떨어지지 않**는다면** 빨리 병원에 다시 오셔야 합니다.
B 네. 알겠어요.

- A 작가님, 다음 전시회 계획은 어떻게 됩니까?
  B 글쎄요. 아직 구체적인 계획은 없지만 만약 전시회를 연**다면** 3년쯤 뒤가 될 것 같네요.

- A 이 등산 동아리는 누구나 가입할 수 있나요?
  B 네. 우리 학교 학생이**라면** 누구나 가입할 수 있습니다.

유의

◆ **미래에 대한 가정을 나타내기 때문에 뒤 절에 과거 시제가 올 수 없어요.**

예 • 루이즈가 이번 오디션을 통과한다면 결승 무대에 오를 수 있을 것이다. (○)
루이즈가 이번 오디션을 통과한다면 결승 무대에 올랐다. (×)

◆ **'-(ㄴ/는)다면'은 불가능한 상황이나 일어날 가능성이 낮은 상황에서 자주 쓰이는 반면, '-(으)면'은 주로 현실의 일이나 현실에서 일어날 가능성이 있는 상황에서 사용돼요.**

예 • 세종대왕을 만난다면 한글을 만들어 줘서 고맙다고 말할 거예요.
고향에 돌아가서 부모님을 만나면 제일 먼저 키워 주셔서 감사하다고 말할 거예요.

- 여름에 눈이 온다면 시원하고 신날 것 같아요.
  봄이 오면 이 나무에도 꽃이 필 거예요.

◆ **'만일', '만약'과 자주 어울려 사용돼요.**

예 • 만일 인터넷이 없어진다면 우리 사회는 어떻게 될까요?
- 만약 제가 사람들의 마음을 읽을 수 있다면 저는 상담 일을 하겠어요.

4. V-다시피 하다

의미

▶ **동사와 함께 쓰여 실제로 앞의 행동을 하는 것은 아니지만 그 행동에 가깝게 함을 나타내요. 이때 '하다' 없이 사용되기도 해요.**

예 • A 유나 씨는 이웃 사람들하고 사이가 좋은가 봐요.
B 네. 이 집에 오래 살아서 이웃하고 가까워요. 거의 가족처럼 지내**다시피 하고** 있어요.

- A 저 배우는 라면을 안 먹는다면서요?
  B 네. 젊었을 때 돈이 없어 매일 라면만 먹**다시피 해서** 지금은 라면을 안 먹는대요.

- A 어제 축구 경기에서 이강은 선수가 다쳤다면서요?
  B 네. 상대 팀 선수하고 부딪혔는데 그 선수가 이강은 선수를 몸으로 밀**다시피 했거든요**. 그래서 심하게 넘어졌어요.

- A 여보세요. 다샤 씨, 위칭 씨가 전화를 안 받던데 지금 자요?
  B 네. 자고 있어요. 피곤한 모양인지 집에 들어오자마자 거의 쓰러지**다시피** 누워 자던데요.

유의

◆ **형용사와 함께 사용할 수 없지만 '있다', '없다'는 사용할 수 있어요.**

예
- 20년 전에는 여기에 높은 건물이 거의 없다시피 했어요. (○)
- 그 숙소의 방은 다 깨끗하다시피 하니까 걱정하지 마세요. (×)

◆ **'하다' 없이 듣는 사람이 이미 알고 있는 사실을 확인하며 말할 때 사용되기도 하는데 주로 '알다', '보다', '듣다', '느끼다'와 같은 동사와 함께 사용돼요.**

예
- 여러분도 알다시피 김치는 한국의 전통 음식입니다.
- 이곳 고속도로는 보시다시피 고향에 가는 차들로 꽉 막혀 있는 상태입니다.

5. V-(으)ㄴ 결과

의미

▶ **동사와 함께 쓰여 어떤 일을 한 후에 생긴 결말을 나타내요.**

예
- A 최근 초등학생 수가 줄고 있다고 하던데요.
  B 네. 10년 사이 계속해서 출생률이 떨어진 **결과** 학생 수뿐만 아니라 초등학교 수도 줄고 있다고 합니다.

- A 수술받은 지 1년쯤 됐죠? 요즘은 좀 어때요?
  B 푹 쉬고 꾸준히 약을 챙겨 먹**은 결과** 많이 회복됐어요.

- A 진차오 씨, 듣기 실력이 정말 좋아졌네요. 어떻게 공부한 거예요?
  B 매일 한 시간씩 뉴스를 들**은 결과** 한국어가 점점 잘 들리기 시작했어요.

- A 작년에 회사의 모든 전자 제품을 바꿨는데 어떤 효과가 있었습니까?
  B 회사의 전자 제품들을 에너지를 절약할 수 있는 제품으로 모두 교체한 **결과** 전기 요금이 50% 가까이 감소했습니다.

유의

◆ **'-았/었-'과 함께 사용할 수 없어요.**

예
- 열심히 공부했은 결과 시험에 합격했어요. (×)
- 택시를 탔은 결과 제시간에 도착할 수 있었어요. (×)

◆ **뒤 절에 명령문이나 청유문을 사용할 수 없어요.**

예
- 건강이 나빠진 결과 일을 쉬세요. (×)
- 오늘 빠진 사람이 많은 결과 회의를 연기합시다. (×)

5 단원 명절과 축제

1. A/V-(으)므로

의미

▶ **형용사, 동사, '이다'와 함께 쓰여 앞의 내용이 뒤에 오는 내용의 이유나 근거임을 나타내요.**

예
- A 박 기자, 요즘 독감 환자들이 늘고 있다면서요?
  B 네. 그렇습니다. 앞으로 독감이 더욱 확산될 가능성이 높**으므로** 마스크를 쓰고 손을 자주 씻는 것이 좋겠습니다.
- A 실례지만, 이번 연휴 기간에 도서관 문을 여나요?
  B 네. 연휴 기간 동안 도서관이 운영되**므로** 이용이 가능합니다.
- A 겨울철 한라산에는 바람이 많이 불어서 추우**므로** 바람을 막을 수 있는 옷과 모자 등을 챙겨 주시기 바랍니다.
  B 네. 알겠습니다.
- A 여러분, 시험 시작 10분 전이**므로** 모두 교실로 들어가 자리에 앉아 주십시오.
  B 네. 알겠습니다.

유의

◆ **'-(으)므로'는 연설, 발표, 안내 방송처럼 격식적인 상황에서 말할 때나 논문에서 문장을 쓸 때 사용돼요.**

예 • (안내 방송) 오늘 회의 자료에 중요한 회의 내용을 정리해 놓았으므로 회의 후에 꼼꼼하게 확인해 주시기 바랍니다.

• 응답자의 소득이 높을수록 문화 활동에 참여하는 비율이 증가했으므로 경제적 조건이 여가 생활에 영향을 미친다고 볼 수 있다.

2. A/V-더라도

의미

▶ **형용사, 동사, '이다'와 함께 쓰여 앞의 내용을 가정하거나 인정해도 뒤의 내용이 그 기대에 어긋남을 나타내요.**

예 • A 김 기자, 새로운 형태의 드라마가 등장했다고 하는데 소식 전해 주시죠.
B 최근 2-3분짜리 드라마가 인기를 끌고 있습니다. 길이가 짧**더라도** 내용은 매력적이기 때문입니다.

• A 진영아, 내일 혹시 눈이 내리**더라도** 계획대로 등산하러 가자.
B 그래. 옷을 따뜻하게 입고 등산화도 신고 가면 괜찮을 거야.

• A 이제 번역기가 있으니 예전처럼 외국어를 공부할 필요가 없는 거 아닌가요?
B 비록 번역기를 사용하**더라도** 말하는 사람의 의도나 감정은 정확하게 표현하지 못하는 거 같아요.

• A 작가님, 이번에 쓰신 책에 대해서 말씀해 주십시오.
B 복잡한 한국 역사를 쉽게 설명한 책입니다. 역사를 잘 모르는 사람이**더라도** 이 책은 쉽게 이해할 수 있을 겁니다.

유의

◆ **'아무리', '혹시', '비록' 등과 함께 쓰여 의미를 강하게 나타내요.**

예 • A 선생님, 장학금을 받기 위한 조건은 무엇입니까?
B 우선 성적이 좋아야 합니다. 그런데 아무리 성적이 좋은 학생이더라도 결석이 많으면 장학금을 받을 수 없습니다.

• A 저, 노트북을 사자마자 전원을 켜고 사용해 봤는데 작동이 잘 안 돼요. 교환이 가능한가요?
B 손님, 비록 노트북을 사용하셨더라도 구입한 지 15일이 되지 않았기 때문에 새 제품으로 교환해 드리겠습니다.

◆ **'-아/어도'와 큰 의미 차이 없이 사용할 수 있어요. 그런데 '-더라도'는 일어날 가능성이 낮은 일에 사용될 때가 많아요.**

예
- 아무리 바빠도 점심을 굶지 마세요. (○)
  아무리 바쁘더라도 점심을 굶지 마세요. (○)

- 점심에 먹은 음식이 짜서 그런지 물을 마셔도 계속 목이 말라요.
  저는 다시 태어나더라도 배우가 돼서 다양한 역할을 맡고 싶어요.

3. A/V-기는커녕

의미

▶ **형용사, 동사, '이다'와 함께 쓰여 앞의 내용은 말할 것도 없이 그보다 덜한 것이나 못한 것까지도 부정할 때 사용돼요.**

예
- A 이거 책상에 놓는 스탠드지요? 이게 있으면 방이 밝고 좋겠어요.
  B 그럴 줄 알고 샀는데 제 방이 스탠드를 켜도 밝**기는커녕** 어두워서 공부할 때 집중이 안 돼요.

- A 시험 전에 도서관에 가서 공부했다면서요? 성적이 많이 올랐겠어요.
  B 아니요. 이번 시험이 생각보다 어려웠어요. 성적이 오르**기는커녕** 더 떨어졌어요.

- A 어제 새로 산 바지가 길지 않아요?
  B 아니요. 저한테는 길**기는커녕** 오히려 짧아서 교환을 받으려고 해요. 온라인으로 쇼핑을 하면 입어 보고 살 수 없으니까 불편하네요.

- A 교수님, 최근 학생들이 집중력을 높이는 약을 먹는 경우가 있다고 하는데 문제는 없을까요?
  B 문제가 심각합니다. 그 약은 공부에 도움되는 약이**기는커녕** 건강을 악화시키는 독이라고 할 수 있습니다.

유의

◆ **긍정적인 상황에서는 사용하지 않고 부정적인 상황에서 사용해요.**

예
- 그 로봇 청소기를 사용하니까 시간을 절약하기는커녕 청소가 힘들지 않아요. (×)
  그 로봇 청소기는 자주 충전해야 돼서 청소가 편해지기는커녕 더 힘들어졌어요. (○)

- 우리 딸은 아무거나 잘 먹기는커녕 잠도 잘 자서 좋아요. (×)
  우리 딸은 입맛이 까다로워서 좋아하는 음식도 잘 먹기는커녕 조금밖에 안 먹고 늘 남겨요. (○)

◆ **명사나 부사는 '은/는커녕'과 함께 쓰여요.**

예 • A 위칭 씨, 요리 잘해요?
B 아니요. 저는 요리는커녕 집안일은 하나도 못해요.

• A 진차오가 4급에서 일등이라면서?
B 아니. 4급에서는커녕 반에서도 일등이 아닌데.

4. A/V-기도 하다

의미

▶ **형용사, 동사, '이다'와 함께 쓰여 앞의 내용이 정말 그러하다고 인정함을 강조해서 말할 때 사용돼요.**

예 • A 노트북을 사야 하는데 뭘 사야 할지 모르겠어요.
B 이화전자에서 새로 나온 노트북은 어때요? 가격이 싸**기도 하고** 가벼우니까 들고 다니기 편하대요.

• A 지난 주말에 뭐 했어요?
B 친구 생일 파티에 가서 맛있는 음식을 먹**기도 하고** 친구들과 게임을 하**기도 하면서** 즐거운 시간을 보냈어요.

• A 다음 주면 연휴인데 특별한 계획이 있어요?
B 연휴가 길**기도 하고** 요즘 날씨도 좋으니까 여행을 다녀올까 해요.

• A 아까 길에서 만난 그분은 누구세요?
B 그 사람은 제 고등학교 친구인데 직장 동료이**기도 해요**.

유의

◆ **상황이나 상태가 두 가지 이상 일어날 때 '-기도 하다'가 반복적으로 사용돼요.**

예 • A 겨울에 눈이 오면 뭐 하고 싶어요?
B 눈사람을 만들기도 하고 눈으로 덮인 곳에서 사진을 찍기도 하고 싶어요.

• A 평소에 시간이 있으면 뭐 해요?
B 좋아하는 드라마를 보기도 하고 친구들과 한강 공원에 가서 자전거를 타기도 하면서 시간을 보내요.

5. N(이)라도

의미

▶ **명사, 부사 등과 함께 쓰여 여러 가능성 중에 최선이 아닌 것을 선택함을 나타내요.**

예 • A 근처에 문을 연 식당이 없네요.
B 그럼 카페에 가서 차**라도** 마셔요.

• A 요즘 회사 일 때문에 스트레스가 많이 쌓였어요.
B 회사 일이 힘들죠? 어디 여행**이라도** 다녀오면 어때요?

• A 위칭 씨, 내일 우리 반 모임에 올 수 있어요?
B 내일 아르바이트를 해야 돼서 제시간에는 못 가는데 늦게**라도** 꼭 갈게요.

• A 쇼타 씨, 오늘 수업 후에 바람 쐬러 갈까요?
B 좋아요. 멀리 나가기는 힘드니까 가까운 한강 공원에**라도** 가요.

유의

◆ **'누구, 언제, 어디, 무엇' 등과 같은 의문사와 쓰이면 주로 어느 경우에나 마찬가지라는 의미로 사용돼요.**

예 • 언제라도 괜찮으니까 질문이 있으면 연락 주세요.

• 이번 주말에 날씨가 좋으면 어디라도 좋으니 떠나야겠다.

6 단원 소비와 절약

1. A/V-든지

의미

▶ **형용사, 동사, '이다'와 같이 쓰여 나열된 동작이나 상태, 대상들 중에서 어느 것이나 선택될 수 있음을 나타내요. 주로 '-든지 -든지 하다'의 형태로 쓰여요.**

예 • A 학교 근처의 원룸들은 집세가 모두 비싼 것 같아요.
B 맞아요. 방이 크**든지** 작**든지** 다 비싸서 집 구하기가 힘들어요.

- A 요즘도 기타 치는 걸 배워요?
  B 네. 그런데 연습할 시간이 없어서 조금 쉬**든지** 그만두려고요.

- A 아이스커피를 좋아해요, 뜨거운 커피를 좋아해요?
  B 둘 다요. 커피는 차갑**든지** 뜨겁**든지** 다 좋아요.

- A 영화관에서는 대학생만 할인 받을 수 있나요?
  B 아니요. 대학생이**든지** 고등학생이**든지** 학생이면 모두 할인 받을 수 있습니다.

유의

◆ **'-았/었-'과 함께 사용할 수 있지만 '-겠-'과 함께 사용할 수 없어요.**

예 • 올리버가 오늘 휴가를 냈든지 출장을 간 것 같아요. (○)
올리버가 내일 휴가를 내겠든지 출장을 갈 것 같아요. (×)

◆ **'-든지'는 '-든가'로 바꿔 쓸 수 있어요.**

예 • 시험 문제가 쉽든지 어렵든지 상관없이 끝까지 풀어야 돼요.
= 시험 문제가 쉽든가 어렵든가 상관없이 끝까지 풀어야 돼요.

• 지원서는 우편으로 제출하든지 직접 방문해서 내세요.
= 지원서는 우편으로 제출하든가 직접 방문해서 내세요.

2. V-고 보다

의미

▶ **동사와 같이 쓰여 앞의 행동을 먼저 함을 나타내요. 주로 '-고 보자', '-고 봅시다'로 쓰여 다른 일은 나중에 생각하고 어떤 일을 먼저 할 것을 제안하거나 '-고 보니', '-고 보면'으로 쓰여 어떤 행동을 한 후 뒤의 내용을 받아들이거나 새롭게 깨닫게 됨을 나타낼 때 사용돼요.**

예 • A 회의가 내일인데 회의 보고서 작성을 시작도 못 했어.
B 시간이 없으니까 일단 인터넷에서 보고서에 쓸 자료부터 찾**고 보자**.

• A 지금 마시고 있는 게 뭐예요?
B 주스예요. 물인 줄 알았는데 마시**고 보니** 주스였어요.

• A 오늘 왜 늦게 도착했어요?
B 처음 가는 곳이라 지도를 보고 왔는데 도착하**고 보니** 다른 곳이었어요.

- A 쇼타 씨랑 친하죠? 쇼타 씨는 어떤 사람이에요?
  B 착하고 친절해요. 처음에는 까다로워 보이지만 알**고 보면** 정말 좋은 친구예요.

유의

◆ **부정문 '안 -고 보다', '-지 않고 보다'로 거의 쓰지 않아요.**

예 • 운동을 안 하고 보니 체력이 떨어졌어요. (?)
= 운동을 하지 않고 보니 체력이 떨어졌어요. (?)

• 수업 시간에 선생님의 설명을 안 듣고 보면 시험을 잘 못 볼 거예요. (?)
= 수업 시간에 선생님의 설명을 듣지 않고 보면 시험을 잘 못 볼 거예요. (?)

◆ **'-았/었-', '-겠-'과 함께 사용할 수 없어요.**

예 • 운동화를 주문했고 보니 주소를 잘못 적어서 취소했어요. (×)

• 1년 동안 기숙사에 살겠고 보면 여러 친구들을 사귈 수 있을 거예요. (×)

3. A/V-거니와

의미

▶ **형용사, 동사, '이다'와 함께 쓰여 앞의 사실을 인정하면서 뒤의 사실을 덧붙임을 나타내요.**

예 • A 한국어가 왜 배우기 어렵다고 생각하십니까?
  B 비슷한 문법들이 많**거니와** 그 문법들의 차이를 파악하기 어렵기 때문입니다.

• A 박 기자, 요즘도 사람들이 중고 거래를 많이 합니까?
  B 네. 중고 시장에 다양한 상품들이 나오**거니와** 상품들의 상태도 좋아서 중고 거래를 찾는 사람들이 많습니다.

• A 동호회 활동을 하면 어떤 점이 좋습니까?
  B 정기적으로 취미 활동을 즐길 수 있**거니와** 취미가 같은 사람들과 어울릴 수도 있습니다.

• A 플라스틱 장난감의 문제점은 무엇입니까?
  B 아이들 건강에 해로운 것도 문제**거니와** 재활용이 되지 않아 환경에도 좋지 않습니다.

유의

◆ **구어보다 문어에 주로 쓰이고 구어에서는 격식적인 상황이나 뉴스에서 주로 사용돼요.**

예
- 가수 김지훈은 어렸을 때부터 노래를 잘 불렀**거니와** 춤도 잘 췄다.
- 이번 축제 기간 동안 길이 많이 막혔**거니와** 축제장 주변에 쓰레기도 많이 생겼습니다.

◆ **뒤 절에 명령문, 청유문, 의문문을 쓸 수 없어요.**

예
- 담배를 끊거니와 몸에 해로운 음식도 드시지 마십시오. (×)
- 회의 후에 같이 발표 준비도 하거니와 식사도 합시다. (×)
- 한국어 공부를 마치면 한국에서 계속 살겠거니와 한국 대학교에도 입학하겠습니까? (×)

4. V-아/어 버리다

의미

▶ **동사와 함께 쓰여 어떤 일이 완전히 끝나서 아무것도 남지 않거나 그 일이 어찌할 수 없는 상태로 바뀌었음을 나타낼 때 사용돼요.**

예
- A 다리가 아파서 앉은 거예요? 좀 쉴까요?
  B 네. 오랜만에 등산하니까 다리가 많이 아파서 그냥 바닥에 앉**아 버렸어요**.
- A 방금 모르는 번호로 온 전화를 받았는데 아무 소리도 안 들렸어요.
  B 장난 전화 아니에요? 다음에도 또 그런 전화가 오면 바로 끊**어 버리세요**.
- A 벌써 숙제를 다 했어요?
  B 네. 저녁에 약속이 있어서 수업이 끝나자마자 숙제를 다 **해 버렸어요**.
- A 같이 여행 갈래요?
  B 가고 싶지만 이번 달 용돈을 다 써 **버려서** 못 갈 것 같아요.

유의

◆ **'그냥', '다'와 함께 자주 쓰여요.**

예
- 너무 피곤해서 그냥 자 버렸어요.
- 맛있어서 남아 있는 음식을 다 먹어 버렸어요.

◆ **주어가 1인칭일 때는 의도적으로 그 행위를 했음을 나타내고 부담스러운 일을 끝낸 시원한 느낌을 나타내기도 해요.**

예 • 오래된 자동차가 자주 고장이 나서 (제가) 팔아 버렸어요.

• (제가) 밀린 빨래를 다 해 버리니까 기분이 정말 좋네요.

◆ **주어가 3인칭일 때는 주로 원하지 않은 결과가 되었음을 나타내요.**

예 • 버스 시간표를 보고 정류장까지 달려왔지만 버스가 떠나 버렸어요.

• 냉장고에 넣지 않았더니 과일이 상해 버렸어요.

◆ **'-아/어 버리다'와 '-고 말다'는 모두 어떤 일이 끝났음을 나타내지만 아래와 같은 차이가 있어요.**

-아/어 버리다	-고 말다
1인칭일 때 화자의 의도적인 행위를 나타내요. • 직접 만든 접시가 마음에 들지 않아 깨 버렸어요.	**화자의 의도적인 행위로는 거의 쓰지 않아요.** **원하지 않는 일이 일어난 것에 대한 안타까움을 나타내요.** • 설거지를 하다가 실수로 접시를 깨고 말았어요.
명령문과 청유문으로 사용할 수 있어요. • 오래 사용해서 싫증이 난 가구가 있으면 이번에 이사 갈 때 새것으로 바꿔 버리세요.	**명령문과 청유문으로 사용할 수 없어요.** • 오래 사용해서 싫증이 난 가구가 있으면 이번에 이사 갈 때 새것으로 바꾸고 마세요. (×)

5. (이)든지

의미

▶ **주로 누구, 어디, 언제, 무엇 등과 함께 쓰여 여러 가지 중에 어느 것을 선택해도 결과가 같음을 나타내요. '누구에게, 어디에서' 등과도 함께 쓰여요.**

예 • A 크리스마스 파티에 누구를 초대할까요?
B 우리 반 친구면 누구**든지** 다 괜찮아요.

• A 언제 통화할 수 있어요?
B 제가 5시에 퇴근해요. 5시 이후면 언제**든지** 다 돼요.

• A 누구에게 광고지를 줄까요?
B 이 광고지가 필요한 사람이면 누구에게**든지** 줘도 돼요.

- A 어떤 영화를 볼래요?
  B 코미디 영화면 어떤 영화**든지** 좋아요.

유의

◆ **'-든지'는 '-든가'로 바꿔 쓸 수 없어요.**

예
- 보고서를 어떻게든지 오늘까지 제출하세요.
  보고서를 어떻게든가 오늘까지 제출하세요. (×)

- 난 무엇이든지 괜찮으니까 네가 먹고 싶은 음식을 말해 줘.
  난 무엇이든가 괜찮으니까 네가 먹고 싶은 음식을 말해 줘. (×)

6. N에 따라

의미

▶ **명사와 함께 쓰여 어떤 상황이나 사실, 기준을 근거로 행동함을 나타내요.**

예
- A 부산의 김치와 전주의 김치 맛이 다르던데요.
  B 맞아요. 지역**에 따라** 김치에 넣는 재료가 조금씩 달라서 그래요.

- A 이 사과는 저 사과보다 훨씬 비싸네요.
  B 사과 크기**에 따라** 가격이 다르거든요. 뭐로 드릴까요?

- A 이 상자를 제주도로 보내려고 하는데 얼마죠?
  B 무게**에 따라** 택배비가 정해집니다. 상자를 여기에 올려 주세요.

- A 부장님이 화를 많이 내시네요. 오늘 기분이 안 좋으신가 봐요.
  B 그런 것 같아요. 부장님은 기분**에 따라** 행동이 다르시잖아요.

유의

◆ **'N에 따라서'로 바꿔 쓸 수 있어요.**

예
- 줄을 서시고 순서에 따라 입장해 주세요.
  = 줄을 서시고 순서에 따라서 입장해 주세요.

- 일기 예보에 따라 여행 일정을 바꾸려고 합니다.
  = 일기 예보에 따라서 여행 일정을 바꾸려고 합니다.

◆ **바로 뒤의 명사를 수식할 때 'N에 따른'으로 사용해요.**

예 • 그 전문가는 운동 시간에 따른 운동 효과를 연구하고 있대요.

• 이 기계는 피부 상태를 알려 드리고 상태에 따른 화장품 선택을 도와드립니다.

듣기 지문 및 정답

1 단원 만남과 시작

어휘와 표현 1_ 시작 p. 10

1. (1) ② (2) ① (3) ③

2. (1) 낯설어요 (2) 실감이 나지 (3) 걱정스러워요

3. (1) 어려움을 겪게 (2) 끝까지 버틸 (3) 도전하게

어휘와 표현 2_ 만남 후의 변화 p. 11

1. (1) 사랑을 베풀었다 (2) 격려를 받았다 (3) 정신을 본받아 (4) 영향을 미치고

2. (1) ③ (2) ① (3) ④ (4) ②

3. (1) 관심을 기울이게 (2) 시야를 넓혀 (3) 교훈을 얻었습니다 (4) 가치관을 변화시켰습니다

문법 1_ A/V-아/어서인지 p. 12

1. (1) ②, 추워서인지 따뜻한 음료수가 잘 팔린다
   (2) ⑤, 부어서인지 목이 답답하고 목소리가 안 나온다
   (3) ①, 기간이어서인지/기간이라서인지 놀이공원에 사람이 많다
   (4) ③, 많아서인지 유적지에 가는 것을 좋아한다
   (5) ④, 보장되어서인지/보장돼서인지 지원하는 사람이 끊이지 않는다

2. (1) 걸어서인지 (2) 닮아서인지 (3) 깨끗해서인지 (4) 오래되어서인지/오래돼서인지

문법 2_ A/V-(으)ㄴ/는 셈이다 p. 13

1. (1) 읽는 셈입니다 (2) 대부분인 셈이네요 (3) 들은 셈이에요 (4) 같은 셈이야

2. (1) 쓴 셈이다 (2) 하는 셈이다 (3) 간 셈이다 (4) 준비한/마련한/모은 셈이다 (5) 공짜인/무료인 셈이다

문법 3_ A/V-듯(이) p. 14

1. (1) 장소이듯(이) (2) 알았듯(이) (3) 말씀드렸듯(이) (4) 어둡듯(이)

2. (1) ④, 눈 녹듯(이) 화가 풀렸다 (2) ①, 물 쓰듯(이) 돈을 써서/쓰니까/쓰기 때문에
   (3) ⑤, 밥 먹듯(이) 거짓말을 해서 (4) ③, 비 오듯(이) 땀을 흘려서/흘리니까/흘리기 때문에
   (5) ②, 제집 드나들듯(이) 자주 간다

문법 4_ A/V-(으)며 p. 15

1. (1) 가벼우며 (2) 다양하며/많으며 (3) 뛰어나며/좋으며 (4) 계획적이며

2. (1) 살며 (2) 다니며 (3) 들으며 (4) 걱정하며

더 알아보기_ A/V-(으)ㄹ 뿐이다 p. 16

1. (1) 앉았을 뿐이야 (2) 표현일 뿐이니까 (3) 변덕스러울 뿐이에요 (4) 알 뿐입니다

종합 연습 p. 16

1. (1) 지난 셈이다 (2) 익숙해져서인지 (3) 이야기하며 (4) 해 왔듯(이)

듣고 쓰기 p. 17

1\.

올리버	안녕하세요? 전 올리버라고 하고 호주에서 왔어요. 반가워요.
치엔	안녕하세요? 전 치엔인데 한국에 처음 와서 너무 긴장돼요. 지난달 5일에 왔거든요.
올리버	한국에 온 지 한 달이 된 셈이네요. 그럼 한국에 오기 전에는 한국어를 어디에서 배웠어요?
치엔	중국에서 2년 정도 혼자 공부했어요.
올리버	그래요? 혼자 공부했는데 한국어를 정말 잘하네요.
치엔	아니에요. 그동안 혼자 공부해서인지 발음이 안 좋아요. 한국에서 공부하면서 자연스럽게 말하는 연습을 많이 하려고요.
올리버	저는 한국에서 2급부터 공부했으니까 여기에서 배운 지 이제 반년이 된 셈이에요. 그래도 말하기는 아직도 어려워요. 우리 같이 열심히 공부해요.
치엔	네. 많이 도와주세요. 그리고 저는 여행을 좋아해요. 친구들과 같이 여행도 하고 싶어요.
올리버	그래요. 한국에 있는 동안 즐겁게 지내요.

(1) ② (2) ① 한 달이 된 셈입니다 ② 공부해서인지

2\.

리포터	여기는 직장인들이 많이 오고 가는 강남역입니다. 2월에 대학을 졸업하고 직장에 들어가는 신입 사원들이 많은 요즘인데요. 직장 선배들은 신입 사원들에게 어떤 조언을 하고 싶은지 20대와 30대 직장인들에게 들어 보겠습니다.
여자	신입 사원들에게요? 음……. 선배들에게서 배우려는 자세를 가지면 좋겠습니다. 저도 처음에는 선배들이 시키는 일을 잘 이해하지 못하고 불만도 많았었는데요. 나중에 생각하니까 다 저와 회사에 필요한 일이었어요. 지금은 제가 스스로 일을 해야 돼서인지 그때 더 많이 배우지 못한 게 후회되기도 합니다. 제가 배울 수 있는 기회를 놓친 셈이죠. 신입 사원분들이 선배들의 경험을 잘 들으면 도움이 될 겁니다.
남자	저는 신입 사원들이 다양한 사람들과 대화하려는 열린 마음을 가져야 한다고 생각합니다. 사회에는 다양한 사람들이 있고 저와 다른 의견을 가진 사람들도 많은데요. 가족이나 친구 관계에서 대화가 중요하듯이 사회생활에서도 서로의 의견을 나누는 게 중요하다고 말해 주고 싶습니다.
리포터	사회생활을 먼저 시작한 선배들의 조언, 잘 들으셨나요? 신입 사원분들은 이 조언을 바탕으로 직장 생활 잘하시기 바랍니다. 지금까지 김예준이었습니다.

(1) ③ (2) ① 배우려는 자세를 가지라고 ② 선배들의 경험을 잘 들으라고 ③ 열린 마음을 가지라고

말하기 pp. 18~19

1. ③

2. (1) ② (2) ③
   (3) ① 한국에 오기 전에 식당에서 일했는데 기회가 되면 한국에서 멕시코 식당을 열고 싶어요
   ② 10년이 지나면 한국의 여러 지역에 식당을 더 차릴 거예요
   ③ 끊임없이 도전하며 사는 게 인생이 아닐까 싶어요
   ④ 얼마나 노력해야 될지 모르겠지만 꼭 이루고 싶어요

읽고 쓰기 pp. 20~21

1. (1) ②

2. (1) ② (2) ③ (3) ③

3.

나를 변화시킨 소중한 만남

나는 어릴 때부터 좋은 대학과 직장에 다니는 것이 목표였다. 그러면 행복하게 살 수 있을 것이라고 생각했다. 내 목표를 이루는 것에 방해가 되면 가족이나 친구도 귀찮게 느껴졌다. 그래서 내 주변 사람들에게 관심이 없었다.

그런데 얼마 전 『불편한 편의점』이라는 책을 읽게 됐다. 이 소설은 편의점에서 아르바이트를 하는 독고 씨가 열심히 일하며 여러 사람들에게 좋은 영향을 끼치는 내용이었다. 나는 이 책을 읽으며 오랜만에 눈물을 흘렸다. 특히 소설에서 행복은 멀리 있지 않고 내 옆의 사람들과 마음을 나누는 데 있다는 문장이 마음에 와닿았다. 독고 씨가 손님들에게 친절했듯이 나도 친절한 사람이 되어야겠다고 생각했다.

이 책을 읽고 나서 사람들을 잘 이해하지 못하고 내 생각만 해 온 것이 후회되었다. 앞으로 다른 사람을 잘 이해하고 공감해 주고 싶다. 소설 『불편한 편의점』과의 만남은 나의 삶을 변화시킨 소중한 만남이었다.

2 단원 즐거운 여가 생활

어휘와 표현 1_ 여가 활동과 그 특징 p. 22

1. (1) ④ (2) ② (3) ③ (4) ①

2. (1) 공감대를 형성할 (2) 사람들과 소통하면서 (3) 공예 강좌를 수강하고 (4) 실시간으로 방송하니까

3. (1) 몸의 균형을 잡아 (2) 몸이 유연해져서/유연해지니까 (3) 안정감을 느낄 (4) 도자기를 빚을

어휘와 표현 2_ 여행지의 인상적인 장면과 여행 소감 p. 23

1. (1) ② (2) ③ (3) ①

2. (1) 마음이 차분해지고 (2) 실망이 커요 (3) 붉게 물든

3. (1) 산으로 둘러싸여 (2) 해가 떠오르는 (3) 마음을 빼앗기게

문법 1_ A/V-(ㄴ/는)다면서요? p. 24

1. (1) 외롭다면서요 (2) 쌍둥이라면서요 (3) 탄다면서요 (4) 통과했다면서요

2. (1) 선다면서 (2) 매진됐다면서 (3) 예정이라면서 (4) 올 거라면서

문법 2_ 어찌나 A/V-(으)ㄴ/는지 p. 25

1. (1) 어찌나 많은지 (2) 어찌나 막히는지 (3) 어찌나 매운지 (4) 어찌나 잘하는지

2. (1) 어찌나 오는지 (2) 어찌나 비싼지 (3) 어찌나 긴장되는지 (4) 어찌나 어려운지

문법 3_ A/V-고 해서 p. 26

1. (1) 시험이고 해서 (2) 좋고 해서 (3) 들고 해서 (4) 궁금하고 해서

2. (1) 없고 해서 (2) 흥미롭고 해서 (3) 크리스마스고 해서 (4) 되고 해서

문법 4_ N(이)면 p. 27

1. (1) 일본 음식이면 일본 음식, 한국 음식이면 한국 음식
   (2) 말하기 시험이면 말하기 시험, 쓰기 시험이면 쓰기 시험
   (3) 춤이면 춤, 노래면 노래 (4) 양이면 양, 가격이면 가격

2. (1) 교통이면 교통 (2) 외모면 외모 (3) 어깨면 어깨 (4) 근무 환경이면 근무 환경

더 알아보기_ A-(으)ㄴ가요?, V-나요? p. 28

1. (1) 어려운가요 (2) 닫나요 (3) 있나요 (4) 사나요

종합 연습 p. 28

1. (1) 이사했다면서요 (2) 어찌나 시끄러운지 (3) 싸고 해서 (4) 공원이면 공원, 마트면 마트

듣고 쓰기 p. 29

1.

유나	루이즈! 네 휴대 전화 화면에 있는 이 사진은 뭐야?
루이즈	이 사진? 잘 봐. 이거 나야. 작년부터 발레를 배우고 있는데 얼마 전에 내가 다니는 학원에서 공연을 했거든. 그때 친구가 찍어 준 사진인데 어때? 괜찮아 보여?
유나	이게 너라고? 너무 아름다워서 유명한 연예인 사진이라고 생각했어. 발레는 어려울 것 같은데 어때?
루이즈	생각보다 어렵지 않아. 발레가 안 좋은 자세로 목이랑 어깨가 불편한 사람들에게 도움이 된다고 들어서 시작했거든. 근데 정말 선생님께서 몸의 균형을 잡아 주시니까 자세도 좋아지고 몸도 유연해졌어. 무엇보다 발레를 할 때 동작 하나하나에 집중하면 시간이 어찌나 빨리 가는지 복잡한 일들을 잊을 수 있어서 정말 좋아. 다음 주까지 수강 신청을 하면 할인도 받을 수 있대. 이번 기회에 너도 한번 배워 보는 건 어때?
유나	난 한 번도 안 해 봤는데 내가 할 수 있을까?
루이즈	그럼. 당연하지. 내가 옆에서 도와줄게. 참, 위칭도 요즘 취업 준비 때문에 스트레스가 많다면서? 위칭한테도 말해서 이번 기회에 다 같이 배우러 다니자.

(1) ② (2) ① 어찌나 빨리 가는지 ② 스트레스가 많다면서

2.

진차오	위칭, 이건 누구 사인이야?
위칭	아, 이거. 지난 주말에 블루진스 팬 사인회에 갔었거든. 그때 받은 거야. 진차오, 너도 팬 사인회에 가 본 적 있어?
진차오	아니. 난 팬 사인회는 한 번도 가 본 적 없어. 넌 자주 다녀?
위칭	나도 팬 사인회에 간 건 이번이 처음이야. 내가 워낙 블루진스를 좋아하기도 하고 마침 방학이라 여유도 있고 해서 신청했는데 뽑혀서 너무 기뻤어.
진차오	그렇구나. 블루진스를 실제로 보니까 어땠어?
위칭	화면으로만 보던 블루진스를 실제로 보니까 어찌나 멋있는지 눈앞에서 보고 있어도 꿈꾸는 것 같았어.
진차오	그러고 보니까 너는 블루진스랑 한국어로 소통하고 싶어서 한국어를 배운다고 했었잖아. 말은 좀 걸어 봤어?
위칭	응. 잠깐이지만 사인을 받을 때 블루진스한테 하고 싶은 말을 한국어로 했는데 블루진스가 이해하고 대답해 줘서 얼마나 좋았는지 몰라. 지금도 그 순간을 생각하면 나도 모르게 웃음이 나.
진차오	정말 좋았겠다. 나도 블루진스 노래가 좋아서 자주 듣는데 다음에 팬 사인회가 열리면 나도 가고 싶다.

(1) ①

(2) ① 어찌나 멋있는지 / 얼마나 멋있는지　② 한국어로 소통하고 싶어서　③ 이해하고 대답해 줘서 좋았다

말하기 pp. 30~31

1. (1) ①

2. (1) ①　(2) ③

(3) ① 머리도 식히고 싶고 해서 주말에 친구와 갔다 왔어요

② 날씨면 날씨, 경치면 경치 뭐 하나 빠지는 것 없이 최고였어요

③ 밤하늘에 별이 가득한 걸 봤는데 정말 멋있었어요

④ 그때 하늘 위를 봤는데 제 머리 위로 별이 쏟아지는 모습이 얼마나 아름다웠는지 몰라요

읽고 쓰기 pp. 32~33

1. (1) ①

2. (1) ③　(2) ③　(3) ②

3.

향과 멋이 있는 '아름다운 찻집'

서울에서 옛 문화를 느끼고 싶고 해서 찾은 인사동. 이곳에 한옥의 멋을 느끼며 차를 마실 수 있는 곳이 있다는 걸 알고 한번 가 보고 싶어졌다. 그곳은 바로 '아름다운 찻집'이다.

'아름다운 찻집'은 인사동의 옛 그림을 파는 가게 옆에 있었다. 고층 빌딩들 가운데 서 있는 오래된 한옥의 모습이 인상적이었다. 건물 입구에 핀 봄꽃을 보며 돌계단을 올라가면 찻집으로 들어가는 문이 나온다.

찻집 안은 건물 외부와는 다르게 현대적으로 장식되어 있었다. 벽에는 판매를 위해 예쁘게 포장된 다양한 차들이 가득했다. 차면 차, 잔이면 잔 모두 깔끔하게 전시되어 있었다. 전시 공간을 구경하고 나면 밝은 햇빛으로 환하게 빛나는 한옥 마당을 볼 수 있다. 한옥 마당에 지붕이 없어서 건물 안에 있어도 하늘을 볼 수 있었다. 마당에 탁자를 놓고 차를 마시는 장소로 만든 것이 정말 마음에 들었다.

마당으로 들어오는 따뜻한 햇볕 아래에서 조용하게 차를 마시고 있으니 마음이 차분해졌다. 복잡하고 정신없는 일상에서 떠나 마음 깊이 안정감과 따뜻함을 느낄 수 있는 곳이라는 생각을 하며 그곳을 떠났다.

3 단원 변화하는 사회

어휘와 표현 1_ 세대 차이 p. 34

1. (1) ④ (2) ③ (3) ① (4) ②

2. (1) 유행에 민감한 (2) 개성이 강한 (3) 주변에 무관심해서 (4) 주관이 뚜렷한

3. (1) 선입견을 가졌었는데 (2) 세대 차이가 나는 (3) 의견 차이를 극복하기 (4) 소외감을 느꼈어

어휘와 표현 2_ 사회 현상 p. 35

1. (1) 출생률이 떨어질 (2) 능력을 중시하게 (3) 평생직장이 사라질

2. (1) ③ (2) ② (3) ①

3. (1) 결혼을 늦추고 (2) 개인주의적 성향이 강해서 (3) 이직하는 사람이 많아지고

문법 1_ A/V-(으)ㄹ수록 p. 36

1. (1) ②, 먹을수록 건강에 도움이 된다 (2) ③, 사이일수록 말과 행동을 조심해야 한다
   (3) ⑤, 클수록 일이 잘못됐을 때 실망도 크다 (4) ④, 가벼울수록 이동하거나 구경하기가 쉽다
   (5) ①, 나눌수록 점점 더 커진다

2. (1) 들을수록 (2) 미룰수록 (3) 급할수록 (4) 사람일수록

문법 2_ A/V-더니 p. 37

1. (1) 오더니 (2) 못 읽더니 (3) 10만 원이더니 (4) 바쁘더니

2. (1) 누르더니 (2) 보더니 (3) 다가가더니 (4) 듣더니

문법 3_ A/V-(으)ㄴ/는 대로 p. 38

1. (1) 본 대로 (2) 부르는 대로 (3) 원하는 대로 (4) 들은 대로 (5) 추천해 준 대로

2. (1) 말대로 (2) 방식대로 (3) 예정대로 (4) 순서대로

문법 4_ N(이)란 p. 39

1. (1) ①, 돈이란 있으면 살기 편하고 없으면 불편한 것이다
   (2) ⑤, 집이란 안전하고 편안한 곳이며 가족과 함께 많은 이야기를 만들어 갈 수 있는 장소다
   (3) ③, 시험이란 지금 자신의 실력을 알 수 있게 해 주는 도구다
   (4) ②, 아이란 소중해서 어떤 일도 다 해 줄 수 있는 존재다
   (5) ④, 휴가란 하던 일을 멈추고 자신을 충전할 수 있는 시간이다

2. (1) 역사란 (2) 김치란 (3) 수업이란 (4) 직업이란

더 알아보기_ N에 따르면 p. 40

1. (1) 일기 예보에 따르면 (2) 의견에 따르면 (3) 자료에 따르면 (4) 결과에 따르면

종합 연습 p. 40

1. (1) 전화하더니 (2) 지날수록 (3) 하자고 하는 대로 (4) 사랑이란

듣고 쓰기 p. 41

1.

진차오	진영 씨, 얼굴이 안 좋아 보여요. 무슨 일 있어요?
진영	네. 어제 부모님과 대학원 진학에 대해 이야기했는데 부모님의 생각과 제 생각이 많이 달라서요.
진차오	부모님과 진영 씨 생각이 어떻게 달랐는데요?
진영	저는 영화 연출을 공부하고 싶다고 말씀드렸는데 부모님은 대학교 전공을 살려서 경영학을 공부했으면 좋겠다고 하셨어요.
진차오	그런데 진영 씨는 왜 영화 연출을 공부하고 싶은 거예요?
진영	대학에 다니는 동안 영화 동아리 활동을 했는데 제가 연출을 했거든요. 여러 개의 영화를 찍을수록 연출을 더 공부해 보고 싶었어요. 그리고 영화제에 작품을 냈는데 그걸 관련 전문가들이 보시더니 제대로 연출을 공부해 보라고 하셨거든요.
진차오	그렇군요. 천천히 여유를 가지고 부모님께 다시 한번 진영 씨의 생각을 잘 말씀드려 보세요.
진영	네. 그래야겠어요.

(1) ③ (2) ① 영화를 찍을수록 ② 관련 전문가들이 보시더니

2.

다샤	상우 씨, 요즘 사진을 찍으러 다닌다면서요?
상우	네. 다샤 씨. 주로 자연 풍경이나 건물을 찍어요. 여기 제가 찍은 사진이 있는데 한번 보세요.
다샤	어, 그런데 필름 카메라로 찍었네요?
상우	네. 저는 필름 카메라로 찍은 사진에서만 느낄 수 있는 독특한 색이 마음에 들어요. 제 친구도 제 필름 카메라를 빌려서 사진을 찍어 보더니 만족해하면서 필름 카메라를 샀어요.
다샤	하지만 필름 카메라로 찍으면 자신이 생각한 대로 사진이 찍혔는지 바로 확인할 수 없잖아요. 그리고 사진이 나올 때까지 기다려야 하고요.
상우	맞아요. 저도 처음엔 사진을 바로 볼 수 없어서 불편했어요. 그렇지만 이젠 사진을 맡기고 사진이 나올 때까지 기다리면서 설레요. 다샤 씨도 필름 카메라를 사용하면 사용할수록 매력을 느낄 수 있을 거예요.
다샤	그렇군요. 상우 씨 이야기를 들으니까 저도 필름 카메라로 사진을 찍어 보고 싶네요.

(1) ② (2) ① 독특한 색이 마음에 들어서 ② 자신이 생각한 대로 사진이 찍혔는지 ③ 기다리면서 설렌다고

말하기 pp. 42~43

1. (1) ①

2. (1) ③ (2) ③
   (3) ① 무슨 일이 있었는지 천천히 말해 보세요 ② 요즘 계속 잠도 안 자고 일만 한대요
   ③ 전 좀 생각이 다른데요 그렇게 일만 하는 건 아닌 것 같아요
   ④ 성공적인 삶이란 일과 삶의 균형을 맞춰 사는 거라고 생각해요

읽고 쓰기 pp. 44~45

1. (1) ②

2. (1) ② (2) ③ (3) ③

3.

업무 환경이 변한 원인은 무엇일까?

옛날과 다르게 시대가 변하면서 업무 환경도 달라졌다. 일하는 장소가 다양해지고 근무 시간도 자유로워졌다. 즉 업무 공간과 시간이 변화한 것이다. 그러면 업무 환경이 달라진 원인은 무엇일까?

먼저 기술의 발전으로 어디에서나 일할 수 있는 환경이 만들어졌다. 인터넷이 발전하면서 업무 장소에 변화가 일어난 것이다. 이는 자신이 일하고 싶은 곳에서 일할 수 있다는 것을 의미한다. 다시 말해 사람들은 회사뿐만 아니라 집에서 업무를 하거나 회의도 할 수 있게 되었다.

또한 효과적으로 일할 수 있는 시간에 대한 생각도 변했다. 사람들은 각자가 집중할 수 있는 시간이 다르다. 그래서 지금은 자신이 원하는 시간을 선택해 근무할 수 있게 되었고 더 효과적으로 일을 할 수 있게 되었다. 이렇게 사람들은 삶과 일에 균형을 맞출 수 있었고 자신의 업무에 만족하게 되면서 일에서 더 좋은 결과를 보이게 되었다.

사람들에게 필요한 업무 환경이란 사람들이 효과적으로 일할 수 있도록 마련된 환경이라고 생각할 수 있다. 그런 환경에는 업무 공간과 시간도 있으며 이 또한 계속 변화하고 있다. 이렇게 계속 업무 환경이 바뀌었듯이 시간이 지날수록 지금과는 또 다른 새로운 업무 환경도 등장할 것이다.

4 단원 인터넷과 생활

어휘와 표현 1_ 인터넷 사용 p. 46

1. (1) ③ (2) ① (3) ②

2. (1) 정보를 공유하기 (2) 정보 출처를 확인한 (3) 파일을 다운로드하기

3. (1) 게시물을 올렸어 (2) 인터넷에 접속할 (3) 와이파이가 잡히는지

어휘와 표현 2_ 인터넷 중고 거래 p. 47

1. (1) 중고 거래를 하는 (2) 팔 물건을 등록할 (3) 싸게 내놓은 (4) 사용 후기를 보세요

2. (1) ④ (2) ① (3) ② (4) ③

3. (1) 싫증이 나서 (2) 흠이 있는 (3) 새것같이 멀쩡하게 (4) 공짜나 다름없는

문법 1_ A/V-던데 p. 48

1. (1) 치던데 (2) 매진이던데 (3) 괜찮던데 (4) 팔던데

2. (1) 가던데 (2) 맛있던데 (3) 많던데 (4) 행사 기간이던데

문법 2_ V-는 바람에 p. 49

1. (1) 넣는 바람에 (2) 잃어버리는 바람에 (3) 오는/내리는 바람에 (4) 조는/자는 바람에

2. (1) 어기는 바람에 (2) 가느라고 (3) 운전하느라 (4) 다치는 바람에 (5) 적는 바람에

문법 3_ A/V-(ㄴ/는)다면 p. 50

1. (1) ②, 선생님이라면 시험 문제를 쉽게 낼 것이다
   (2) ①, 먹는다면 건강에 문제가 생길 것이다
   (3) ③, 산다면 다른 나라의 소식을 지금 알 수 없을 것이다
   (4) ⑤, 어렵다면 전문가의 도움을 받는 것도 좋은 방법일 것이다
   (5) ④, 다녀올 수 있다면 다음 주 복권 1등 당첨 번호를 보고 올 것이다

2. (1) 남는다면 (2) 떨어진다면 (3) 참가하고 싶다면 (4) 고민이라면

문법 4_ V-다시피 하다 p. 51

1. (1) 만나다시피 해요 (2) 뛰다시피/뛰다시피 하면서 (3) 있다시피 해요 (4) 살다시피 했어요

2. (1) 보시다시피 (2) 들으셨다시피 (3) 아시다시피 (4) 말씀드렸다시피

더 알아보기_ V-(으)ㄴ 결과 p. 52

1. (1) 먹은 결과 (2) 걸은 결과 (3) 씻은 결과 (4) 노력한 결과

종합 연습 p. 52

1. (1) 안 받던데 (2) 고장 나는 바람에 (3) 들고 있다시피 하는 (4) 사라진다면

듣고 쓰기 p. 53

1.

쇼타	엘렌 씨, 그 동영상 채널을 자주 보는 것 같던데 무슨 채널이에요?
엘렌	아, 이거 강아지가 나오는 채널인데 강아지가 너무 귀여워서 자주 봐요.
쇼타	반려동물이 나오는 채널을 보는군요. 주로 어떤 영상이 올라와요?
엘렌	성격이 다른 두 마리 강아지가 서로 재미있게 노는 영상이 많아요. 영상을 보고 있으면 스트레스가 확 풀려요. 쇼타 씨도 즐겨 보는 동영상 채널이 있어요?
쇼타	저는 요즘 한 여행 채널을 즐겨 보고 있어요. 어떤 대학생이 한국의 시골 여기저기를 여행하는 채널인데요. 아름다운 경치도 볼 수 있고 잘 알려지지 않은 여행지를 알게 돼서 좋아요.
엘렌	요즘 여행 채널이 인기라고 하던데 쇼타 씨도 즐겨 보는군요.
쇼타	네. 내용도 재미있는데요. 갑자기 예상하지 못한 일이 생기는 바람에 여행이 계획대로 안 될 때가 있는데 그때마다 여행하는 사람이 문제를 해결해 가는 것도 재미있어요.
엘렌	그 채널 좀 알려 주세요. 저도 한번 보고 싶어요.

(1) ② (2) ① 인기라고 하던데 ② 일이 생기는 바람에

2.

진행자	요즘 가짜 뉴스의 피해가 심각한데요. 오늘은 미디어학과 주은정 교수님을 모시고 말씀 나눠 보겠습니다. 교수님, 사람들이 왜 가짜 뉴스를 만드는 걸까요?
전문가	여러 이유가 있겠지만 자기의 영상을 보게 해서 경제적인 이익을 얻으려고 하는 경우가 많습니다. 사람들의 관심을 끌기 위해서 거짓 정보를 만드는 것이죠.
진행자	전문가들의 연구 결과에 따르면 가짜 뉴스가 더 늘 거라고 하던데 가짜 뉴스를 만드는 사람들도 문제지만 공유하는 사람들도 문제인 것 같은데요.
전문가	네. 그렇습니다. 사람들이 이런 가짜 뉴스들을 생각 없이 소셜 미디어에 공유해서 가짜 뉴스가 더 쉽게 퍼지고 있습니다.
진행자	그렇다면 이 문제를 어떻게 해결해야 할까요?
전문가	법으로 해결하는 데는 한계가 있습니다. 무엇보다 우리 모두 가짜 뉴스가 사라지도록 노력해야 합니다. 의심이 가는 뉴스나 게시물을 보게 된다면 공유하기 전에 먼저 정보 출처를 확인해야 됩니다. 그리고 가짜 뉴스를 보게 되면 신고하고 주변에도 가짜 뉴스라는 것을 알릴 필요가 있습니다. 우리 각자가 좀 더 주의를 기울인다면 가짜 뉴스가 퍼지는 것을 막을 수 있을 겁니다.

(1) ① (2) ① 경제적인 이익을 얻으려고 ② 생각 없이 소셜 미디어에 공유하는 ③ 정보 출처를 확인해야 된다

말하기 pp. 54~55

1. (1) ③

2. (1) ③ (2) ①
   (3) ① 요즘 잘 안 쓰는데 흠도 없고 깨끗해서요
   ② 가방 상태가 잘 보이게 여러 장 찍어서 올리는 게 좋아요
   ③ 거의 안 쓰다시피 했는데 얼마쯤 받으면 좋을까요
   ④ 만약 일주일이 지나도 관심 갖는 사람이 없다면 가격을 더 내려 보세요

읽고 쓰기 pp. 56~57

1. (1) ① ⓐ • — • 사실
   ② ⓑ • — • 사실
   ③ ⓒ • — • 의견

2. (1) ② (2) ③ (3) ①

3.

휴대 전화 EW50 팝니다!

서대문구 이화여대길 30 • 5시간 전 850,000원

얼마 전 이화전자에서 나온 휴대 전화 EW50을 85만 원에 판매합니다. 한 달 정도 사용했는데 제가 손이 작은 편이라 큰 화면이 불편해서 판매합니다. 130만 원에 샀지만 85만 원에 팝니다.

사용한 지 한 달밖에 안 돼서 물건은 거의 새것과 다름없습니다. 위 사진에서 보시다시피 검은색이라서 사용하기 무난할 겁니다. 화면이 크고 속도가 빨라서 동영상을 보거나 게임을 할 때 좋습니다. 그리고 배터리 성능이 뛰어나서 동영상을 하루 종일 틀어 놓다시피 해도 밤까지 충전 없이 사용할 수 있습니다. 사진 앱에 전문가 기능이 있어서 전문가처럼 멋있는 사진을 찍을 수 있습니다.

직접 만나서 거래하실 분만 연락 주시기 바랍니다. 거래 희망 장소는 이대역이나 홍대입구역입니다. 궁금한 점이 있으시다면 언제든지 연락하셔도 됩니다.

5 단원 명절과 축제

어휘와 표현 1_ 축제 p. 58

1. (1) ② (2) ③ (3) ④ (4) ①

2. (1) 얼음을 깨고 (2) 축제에 참여하려면 (3) 야간 개장을 앞두고 (4) 카메라에 담으면

3. (1) 입장권을 받았다 (2) 축제 분위기가 났다 (3) 먹을거리를 구입할 (4) 별도로 마련되어

어휘와 표현 2_ 명절 p. 59

1. (1) 명절을 맞아 (2) 산소에 성묘하러 갈 거예요 (3) 차례를 지낼 거예요

2. (1) ① (2) ③ (3) ②

3. (1) 퍼레이드를 한다고 (2) 집을 꾸밀 (3) 폭죽이 터졌어요

문법 1_ A/V-(으)므로 p. 60

1. (1) 떨어질 것이므로 문제 해결을 위해 아이가 있는 가정에 혜택을 줘야 됩니다
   (2) 있지 않으므로 대중교통을 이용해 주시기 바랍니다
   (3) 크므로 아침을 챙겨 먹어야 건강에 도움이 됩니다
   (4) 해로우므로 따뜻한 음료수를 마시는 게 좋습니다

2. (1) 방해가 되므로 (2) 필요하므로 (3) 재산이므로 (4) 더러워질 수 있으므로

문법 2_ A/V-더라도 p. 61

1. (1) 없더라도 (2) 오더라도 (3) 귀국하더라도 (4) 제품이더라도

2. (1) 상황이더라도 (2) 실수하더라도 (3) 어렵더라도 (4) 알아듣더라도

문법 3_ A/V-기는커녕 p. 62

1. (1) 춥기는커녕 (2) 받기는커녕 (3) 모으기는커녕 (4) 멀기는커녕

2. (1) 쓰기 숙제는커녕 (2) 차리기는커녕 (3) 사기는커녕/구입하기는커녕 (4) 떨어지기는커녕

문법 4_ A/V-기도 하다 p. 63

1. (1) 좁기도 하고 (2) 떨리기도 하고 (3) 학자이(시)기도 하고 (4) 확인하기도 했어요

2. (1) 먹기도 하고 (2) 주고받기도 하고 (3) 보내기도 해요 (4) 응원하기도 해요

더 알아보기_ (이)라도 p. 64

1. (1) 라면이라도 (2) 잠시라도 (3) 영화관에라도 (4) 늦게라도

종합 연습 p. 64

1. (1) 보기도 하고 (2) 외롭기는커녕 (3) 보내더라도 (4) 활용할 수 있으므로

듣고 쓰기 p. 65

1\.

아나운서 안녕하세요? 학교 소식을 전해 드리는 이화방송입니다. 꽃이 피는 계절이 돌아오면 가장 기다려지는 게 바로 학교 축제인데요. 매년 5월이 되면 학교 축제가 열립니다. 축제에는 우리 학교 학생은 물론이고 우리 학교에 다니지 않더라도 지역 주민이면 누구나 참여할 수 있습니다. 작년에 이어 올해에도 다양한 프로그램이 준비되어 있습니다.

먼저 신입생을 위한 '이화의 밤' 행사가 5월 6일 목요일 오후 6시, 봄꽃이 예쁘게 핀 이화마당에서 열립니다. 이 행사에는 신입생에게 학교생활, 공부 방법, 동아리 활동 등에 대해 안내하는 시간이 예정되어 있습니다. 여러 동아리들의 축하 공연과 체험 활동 등이 준비되어 있고 학교 선배와 이야기하는 자리도 마련돼 있습니다. 7일 금요일 오후 2시에는 학생들이 직접 참여하는 스포츠 대회와 퀴즈, 게임 등의 행사가 진행될 예정입니다. 그리고 오후 7시에는 인기 가수들의 축하 공연과 학생들의 댄스 공연이 열릴 예정인데 매년 가장 인기가 높은 행사입니다. 따뜻한 봄날에 모두가 즐길 수 있는 축제이므로 많은 분들이 함께하셨으면 합니다.

(1) ② (2) ① 우리 학교에 다니지 않더라도 ② 즐길 수 있는 축제이므로

2\.

아나운서 부산국제영화제가 시작된 부산에서 다양한 행사가 열리고 있습니다. 연휴를 맞아 많은 시민들이 행사장을 찾았습니다. 김채윤 기자, 오늘 비 소식이 있었는데 영화제는 잘 진행되고 있나요?

기자 네. 이곳은 비가 내리기는커녕 구름 하나 없이 맑습니다. 영화제에 참석한 사람들의 기대감이 높아지고 있습니다. 영화제 이틀째 아침, 좋아하는 영화배우들과 영화를 보려는 관객들이 극장 앞에 줄을 서 있는데요. 시민 한 분의 이야기를 들어 보겠습니다.

시민 좋아하는 배우들이 무대 인사도 하니까 아침 일찍 와서 계속 기다렸어요. 배우들을 가까이에선 못 보더라도 배우들과 같은 공간에 있을 수 있으니까 기대돼요.

기자 야외에 있는 행사장에서는 영화배우들이 관객과 소통하고 영화를 관람하는 행사가 곧 시작됩니다. 영화제 기간 동안 연휴도 있으므로 작년보다 더 많은 관람객들이 영화제를 찾을 것으로 보입니다. 행사장 근처의 기념품 판매장에는 기념품을 사려는 사람들로 북적입니다. 그리고 그 옆에는 영화 속 주인공이 되어 보는 체험 공간도 마련돼 있습니다. 또한 영화제는 오는 11일까지 계속됩니다. 지금까지 부산에서 이화뉴스 김채윤이었습니다.

(1) ① (2) ① 극장 앞에 줄을 서 있다 ② 소통하고 영화를 관람하는 ③ 마련돼 있다

말하기 pp. 66~67

1\. (1) ②

2\. (1) ② (2) ①

(3) ① 연휴 내내 있지 못하더라도 잠깐 다녀오려고요

② 가족과 TV 새해 방송을 보기도 하고 불꽃놀이도 하면서 보내요

③ 빈 여행 가방을 들고 집 주변을 걸어요

④ 밤 12시가 되면 포도알 12개를 먹으면서 새해 소원을 빌어요

읽고 쓰기 pp. 68~69

1. (1) ②

2. (1) ③ (2) ③ (3) ③

3.

설날과 송끄란

새해의 시작은 모두에게 특별한 의미가 있으므로 세계 여러 나라에서는 다양한 방법으로 한 해의 시작을 축하하고 기념한다. 한국에는 설날이 있다면 태국에는 새해 명절인 '송끄란'이 있다.

한국과 태국 모두 새해가 되면 가족들이 모여 맛있는 명절 음식을 먹기도 하고 새해 소원을 빌기도 한다. 이 두 명절은 한 해 동안 편안하게 잘 살기는 바라는 마음으로 새해를 기념한다는 점에서 공통점이 있다.

그러나 두 명절은 시기와 명절을 즐기는 방법에서 차이가 있다. 한국의 설날은 음력 1월 1일이고 태국의 송끄란은 태국의 전통 달력으로 새해가 시작되는 4월에 있다. 명절을 즐기는 방법도 다른데 한국에서는 조상님께 차례를 지내며 감사드리고 성묘하러 가기도 한다. 반면 송끄란이 되면 태국에서는 가족과 시간을 보내거나 지역마다 열리는 축제를 즐긴다. 특히 축제에 참여한 사람들이 한 해를 잘 보내기 바라는 마음으로 물을 뿌리는 행사가 유명하다. 거리 곳곳에서 즐기는 이 축제는 외국인에게도 큰 인기를 끌고 있어서 매년 4월에 많은 관광객이 찾는다.

이처럼 한국의 설날과 태국의 송끄란은 먹는 음식과 풍습은 다르더라도 가족의 건강과 행운을 기원하며 새해를 기념한다는 점에서는 비슷하다고 할 수 있다. 가족에게 마음을 전하고 새해를 멋지게 보내길 비는 마음은 똑같은 것이다.

6 단원 소비와 절약

어휘와 표현 1_ 알뜰한 소비 p. 70

1. (1) 포인트를 적립해요 (2) 식비를 줄일 (3) 공과금을 절약하기

2. (1) ③ (2) ② (3) ①

3. (1) 최저가를 검색해 (2) 공동 구매하는 (3) 전시 상품을 사면

어휘와 표현 2_ 소비 습관 p. 71

1. (1) ① (2) ② (3) ④ (4) ③

2. (1) 예산을 세우면 (2) 예금해야 (3) 규모 있게 쓰려고/쓰도록 (4) 지출액을 점검해야

3. (1) 충동구매를 하는 (2) 한꺼번에 몽땅 썼어요 (3) 과소비하는 (4) 낭비하고

문법 1_ A/V-든지 p. 72

1. (1) 다니든지 (2) 작성하든지 (3) 가든지 (4) 열든지

2. (1) 평일이든지, 주말이든지 (2) 가깝든지, 멀든지 (3) 내든지, 보여 주든지 (4) 가져오든지, 구입하든지

문법 2_ V-고 보다 p. 73

1. (1) 입고 보니 (2) 끄고 보니 (3) 되고 보면 (4) 살고 보면

2. (1) 가고 보자 (2) 취소하고 보자 (3) 먹고 보자 (4) 듣고 보자

문법 3_ A/V-거니와 p. 74

1. (1) 되거니와 (2) 어렸거니와 (3) 찍거니와 (4) 내성적이거니와

2. (1) 지치거니와 (2) 있거니와 (3) 풀리거니와 (4) 향상되거니와

문법 4_ V-아/어 버리다 p. 75

1. (1) 날아가 버렸어요 (2) 부어 버렸어요 (3) 와 버렸어 (4) 망가져 버린

2. (1) 끝내 버려요 (2) 읽어 버렸어요 (3) 다치고 말았습니다 (4) 끊어 버리세요 (5) 들어가고 말겠어요

더 알아보기 1_ (이)든지 p. 76

1. (1) 누구든지 (2) 어디에서든지 (3) 언제든지 (4) 뭐든지

더 알아보기 2_ N에 따라 p. 76

1. (1) ①, 계절에 따라 피는 꽃이 다르다 (2) ③, 적성에 따라 직업을 선택해야 한다
(3) ④, 취향에 따라 커피에 우유를 넣기도 하고 설탕을 넣기도 한다 (4) ②, 주변 환경에 따라 집값에 차이가 난다

듣고 쓰기 p. 77

1.

안나	마테오 씨, 제가 지난달에 영화와 공연을 보는 데 사십만 원을 썼어요. 마테오 씨는 한 달에 문화생활비를 얼마나 써요?
마테오	전 박물관에 가는 건 좋아하지만 극장에는 거의 안 가요. 그래서 한 달에 십만 원 정도 써요. 안나 씨, 학생인데 한 달에 문화생활비로 사십만 원을 쓰면 많이 쓰는 편인 것 같아요.
안나	맞아요. 그렇지만 좋아하는 영화를 안 볼 수도 없고……. 문화생활비를 많이 쓰니까 생활비가 항상 부족해요. 마테오 씨는 어때요?
마테오	사실은 저도 생활비 때문에 걱정이에요. 특히 지금 사는 집의 월세가 비싸서 생활비 중 대부분을 집세로 내고 있어요.
안나	집세는 저도 부담돼요. 집세나 문화생활비는 둘 다 줄이기가 너무 어려운 것 같아요.
마테오	근데 제 생각에는 마음만 먹으면 문화생활비를 줄일 수 있을 것 같아요. 한 달 동안의 계획을 미리 세워서 영화나 공연 관람을 두 번 정도로 줄이든지 학생 할인 혜택을 받아 보세요. 그리고 상우한테서 들었는데 문화 센터와 도서관에서 무료로 영화나 공연을 보여 준대요. 매월 마지막 주 수요일에는 영화, 공연, 스포츠 경기 관람 요금을 할인해 주기도 하고요.
안나	그거 좋은 정보네요. 바로 이번 달부터 그렇게 문화생활비를 아끼고 보면 생활비가 훨씬 줄 것 같아요.

(1) ② (2) ① 두 번 정도로 줄이든지 ② 문화생활비를 아끼고 보면

2. **알뜰왕** 안녕하세요? 여러분, 알뜰왕이에요. 오늘은 모임 회비를 편리하게 관리하는 방법을 알려 드릴게요. 요즘 가족 모임부터 친구, 회사 동료 등 다양한 모임들이 있죠? 모임을 할 때 어떤 모임이든지 시간, 장소를 정하는 것도 회비를 모으는 것도 귀찮은 일입니다. 그래서 오늘은 이런 번거로움을 줄여 줄 모임 통장을 소개합니다. 모임 통장이란 이름 그대로 모임의 회비를 모으는 통장입니다. 이게 제 친한 친구들과의 모임 통장인데 한번 보세요. 모임에 있는 제 친구들의 이름이 보이시죠? 이렇게 사람들을 모임 통장으로 편하게 초대할 수 있어요. 그리고 돈을 함께 모으는 사람들이 언제든지 예금 정보를 볼 수 있어서 정말 좋습니다. 저는 회비를 내는 모임은 모두 모임 통장을 만들었는데 일 년 이상 꾸준히 모임 통장들을 사용하고 보니 편리함을 느꼈어요. 회비를 손쉽게 관리할 수 있었거니와 사람들에게 회비를 내라고 알려야 하는 불편함도 줄었어요. 여러분도 꼭 한번 해 보세요.

(1) ①

(2) ① 모임의 회비를 모으는 통장이다 ② 언제든지 예금 정보를 볼 수 있다
③ 회비를 손쉽게 관리할 수 있었거니와

말하기 pp. 78~79

1. (1) ③

2. (1) ③ (2) ③
(3) ① 캠핑 용품을 보다가 마음에 들어서 샀어
② 난 내 취미인 캠핑과 관련 있으면 비용을 생각하지 않고 돈을 써 버려서 고민이야
③ 캠핑 용품을 사는 데 돈을 몽땅 쓰지 않으려고 결심해도 고치지 못하겠어
④ 나도 무작정 습관을 고치려고만 하지 말고 어떤 절약 방법이 나에게 맞을지 고민해 봐야겠어

읽고 쓰기 pp. 80~81

1. (1) ③

2. (1) ② (2) ② (3) ②

3. 지나친 절약 소비

수입은 고정적인데 물가가 올라 힘들어하는 사람들이 많다. 그러다 보니 절약을 실천하는 젊은이들도 많아지고 있다. 그렇지만 어떤 젊은이들의 절약법은 특이하기도 하고 지나치기도 하다.

22살 김 모 씨는 대학생으로 소셜 미디어에 자기가 살 물건에 대해 공유해 왔다. <u>공책, 음료처럼 작은 것을 살 때도 소셜 미디어에 질문을 올리면 그걸 본 사람들이 사지 말라고 하거나 싸게 사는 방법을 알려 줬다. 처음에는 이 방법이 자기에게 잘 맞는다고 생각했지만 점점 사람들에게 의존하게 돼 버렸다.</u>

26살 윤 모 씨는 직장인으로 월급을 다 모으고 싶어 했다. <u>그래서 회사 외에는 아무 데도 안 갔다. 친구들의 연락을 피하고 모임에도 나가지 않았다. 그러면서 일주일 동안 돈을 전혀 안 쓰거나 만 원으로 생활하는 목표를 이루고 기뻐했다. 그런데 점점 우울해지고 건강도 나빠졌다.</u>

경기가 좋지 않은 시대에 절약은 필수가 되고 있다. 그렇지만 무리한 절약으로 건강하지 못한 삶을 살고 있다면 그 절약법이 진정 자기를 위한 것인지 돌아봐야 할 것이다.

지은이 소개

책임 연구원 **김민정**
이화여자대학교 언어교육원 특임교수
이화여자대학교 한국학과 박사

공동 연구원 **이정연**
이화여자대학교 언어교육원 전임강사
한국외국어대학교 국어국문학과 박사

조정민
이화여자대학교 언어교육원 전임강사
이화여자대학교 국어국문학과 박사

윤여옥
이화여자대학교 언어교육원 책임강사
이화여자대학교 한국학과 석사

전우주
이화여자대학교 언어교육원 책임강사
이화여자대학교 한국학과 박사 수료

최형연
이화여자대학교 언어교육원 책임강사
이화여자대학교 한국학과 석사

주현하
이화여자대학교 언어교육원 책임강사
이화여자대학교 한국학과 박사